www.ingramcontent.com/pod-product-compliance
Lightning Source LLC
Chambersburg PA
CBHW061955090426
42811CB00006B/946

BIDARI

(بیداری, Awakening)

دنياي بيرون و درون خود را تغيير دهيد
(Change Your Inner & Outer World)

Anousha

Eternal

This book would not be possible without the support and guidance of Dr. Omid Nasri, Sanaz Janpanah, and Sara Tabatabaei at Moon Publishing. From the beginning, they believed in me, my mission, and the idea that the world could be made better by encouraging a daily practice towards *Awakening*. Their endless support and guidance illuminates how the true essence of our people is one of generosity and kindness. If a copy of this book has reached you, please inform your friends and family in the Middle East about Moon Publishing and their catalog of amazing authors.

نگارش و چاپ این کتاب بدون حمایت و راهنمایی‌های دکتر امید نصری، ساناز جان‌پناه و سارا طباطبایی عزیز در نشر بی‌نظیر مون امکان‌پذیر نبود. از اولین روز کار، من و ایده‌هام رو باور داشتن. اینکه معتقدم دنیا با نوشتن‌های هرروزه می‌تونه جای بهتری باشه. ما با نوشتن به بیداری در این دنیا کمک می‌کنیم و نشر مون این مسیر رو برای من هموارتر کرد.
اگه این کتاب رو در خارج از ایران تهیه کردین، به خانواده و دوستانتون در داخل ایران پیشنهاد کنین به نشر مون سری بزنن و از کتاب‌های عالی و متنوعی که منتشر کرده‌ان، لذت ببرن.

Moon Publishing

@moon.publication
Iran
https://moonpub.ir/

This Journal Belongs to

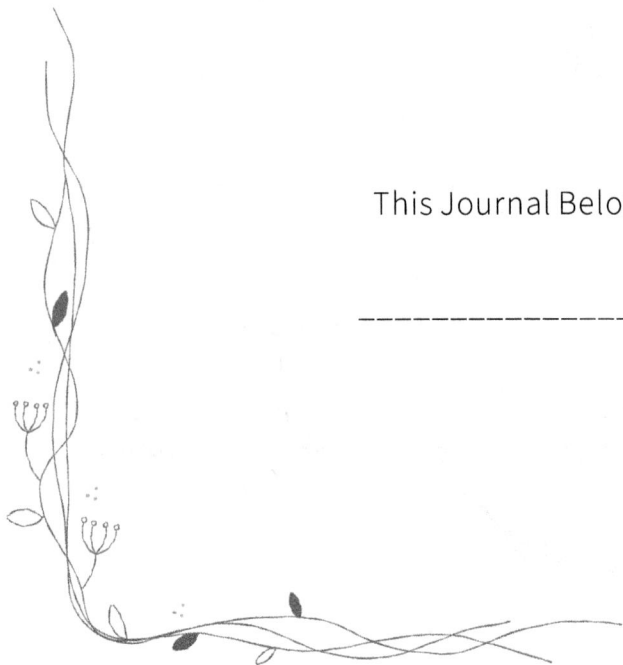

_____

بیداری

دنیای درون و بیرون خود را تغییر دهید.

Eternal

Published by Eternal

https://anousha.co
Instagram: @Anoushaa_

First Edition
ISBN: 978-0-578-39100-7

Edited by Ahoo Alvand
Graphic Artist (Moon): Mohammad Mansour Ghanai
Graphic Artist (Eternal): Leva Bakhshi
Cover Design by Niloufar Moradi
Page Layout by Mina Feyzi
Consultant: Marco Aiello
Publishing Consultant: Rodney Miles

این کتاب رو تقدیم می‌کنم به دو نفری که همیشه

با تمام عشقشون حمایتگر من بودن؛

به پدر و مادر عزیزم

سرآغاز

۸ ساعت کار توی شرکت پخش و باربری، جابه‌جا کردن جعبه‌های سنگین از این سرِ شهر به اون سر شهر با ماشین خودم، حدود ۲۰۰ بار پیاده و سوار ماشین شدن توی هر شیفت کاری، هیچ‌کدوم تصور من از زندگی خوب و دل‌خواه نبود.
بردن جعبه‌های سنگین به طبقهٔ چهارم توی گرمای ۴۳ درجه، بحث کردن با مشتری‌هایی که فکر می‌کنن تقصیر توئه که اون‌ها محصولی رو اشتباه سفارش داده‌ان، دربه‌در گشتن دنبال جاپارک توی شهر شلوغ پرترافیک، همهٔ این‌ها با هم آدم رو خسته می‌کنه، جوری که حس می‌کنی تمام بدن و ذهنت بی‌حس و سِر شده. با این حس‌وحال برمی‌گشتم به خونه‌ای که نه خانواده‌ای توش زندگی می‌کرد و نه رفیقی. تنها چیزی که داشتم یک اتاق بود. یک اتاق کرایه کرده بودم و تمام روز کارم توش درس خوندن بود.
هیچ‌چیزی سر جاش نبود. شغلی رو که همیشه می‌خواستم، نداشتم. یک مهاجر بودم، یک غریبه. توی این شهر و کشور هیچ‌کسی رو نمی‌شناختم. بیشتر اوقات تنها بودم و دوست پیدا کردن برام سخت بود. پولی که از راه پخش جعبه‌ها درمی‌آوردم خیلی به‌زور کفاف خوردوخوراک، مایحتاج زندگی و کرایهٔ اتاقم رو می‌داد. به خانواده و دوستان نمی‌تونستم درمورد احساسات و عواطف به‌هم‌ریخته‌م چیزی بگم چون از راه دور نگرانشون می‌کردم. معنای زندگی رو گم کرده بودم، فقط زنده بودم ولی زندگی نمی‌کردم. آخر هر هفته با خودم می‌گفتم از اول هفتهٔ دیگه زندگی‌م رو تغییر می‌دم. ورزش می‌کنم، غذای سالم‌تر می‌خورم، بیشتر درس می‌خونم، پول‌هام رو جمع می‌کنم و خیلی کارهای دیگه که دوست داشتم به زندگی‌م اضافه کنم. ولی هفتهٔ بعد می‌اومد و من هیچ‌کدوم از اون کارها رو انجام نمی‌دادم. خیال می‌کردم یک‌دفعه یک اتفاق بزرگ، یک معجزه خارج از زندگی‌م رخ می‌ده و همه‌چیز عوض می‌شه. همه‌چیز خوب می‌شه. مثل این بود که روحم در خواب بود و بدنم زیرنظر ذهنم به‌صورت اتوماتیک کار می‌کرد. ذهنی که هرجا بود جز اینجا. جز در لحظه.

یک روز توی همین زندگی به‌هم‌ریختهٔ عزیز، یکی کیفم رو از توی ماشینم دزدید! خیلی چیز قیمتی توش نداشتم ولی کلید خونه‌م توش بود. صاحب‌خونه‌ای که باهاش زندگی می‌کردم هم مسافرت بود و تا فردای اون روز نمی‌اومد. شیفت کاری‌م تموم شد و به‌طرف خونه راه افتادم. شب رو باید توی ماشینم می‌موندم. پر از خشم بودم و خیلی‌خیلی خسته از همه‌چیز. پر از ترس و شک به زندگی و هر حس دیگه‌ای که تصور کنین. احساس کردم اگه این فشاری رو که توی قفسهٔ سینه‌م حس می‌کنم، یک‌جوری خالی نکنم یک بلایی سرم می‌آد. موبایلم رو برداشتم، قسمت نوت‌برداری رو باز کردم و شروع کردم به نوشتن. اشک می‌ریختم و می‌نوشتم. ۲۵ صفحهٔ تمام. صفحه پشت صفحه از احساساتم نوشتم، از اینکه چقدر دلم برای خود قدیمم و زندگی قبلی‌م تنگ شده، از اینکه که زندگی چطوری باهام رفتار می‌کنه و چقدر حس می‌کنم از آرزوهام دورم.
یک‌دفعه از نوشتن دست برداشتم. از گریه کردن. سرم خالی شده بود. سبک شدم. حس کردم چندین وقت بود که بار سنگینی رو به دوش می‌کشیدم و متوجه نبودم. گوش‌هام زنگ می‌زد. ساعت سهٔ صبح توی ماشین. سکوت محض. آرامش عجیبی بود.
اون شب اتفاقی درون من رخ داد؛ همون اتفاقی که منتظر بودم در دنیای خارج از من بیفته. اون شب به خودم قول دادم که ازاین‌به‌بعد هر روز بنویسم. حتی شده ۵ دقیقه. از حس‌هام، از چیزهایی که دوست دارم به زندگی‌م بیارم و تجربه کنم، از اتفاقی که در طول اون روز برام افتاده یا هر موضوع دیگه‌ای. تصمیم گرفتم بی هیچ عذر و بهانه، این یگانه قول رو بهش عمل کنم.
نوشتن روزانه، خالی کردن ذهنم و رها کردن چیزهایی که دیگه بهم خدمت نمی‌کردن، نجاتم داد. متوجه شدم قلم من چوب جادوی اون معجزه‌ای بود که منتظرش بودم. به‌جای اینکه بخوام اول هر هفته یک‌دفعه همه‌چیز رو تغییر بدم، هر روز می‌نوشتم. همین یک کار همه‌چیز رو پله‌پله برام تغییر داد.

بیشتر به خودم نزدیک شدم و هوشیار شدم به اینکه ذهنم چطور کار می‌کنه. متوجه شدم «نیت» پشت هر عمل، کلید اصلی رضایتمندی و خشنودیه. هر روز رو با یک نیت سپری می‌کردم و از نوشتن دست

برنداشتم. وقتی روی کاغذ می‌دیدم که چطور فکر می‌کنم و عمل می‌کنم، اعتمادبه‌نفسم تقویت شد. باورهام تغییر کردن و زندگی‌م ورق تازه‌ای خورد.

کسی که امروز هستیم حاصل عادات روزانه‌ایه که داریم. کارهایی که خودآگاه و ناخودآگاه انجام می‌دیم و واکنش‌هایی که بسته به شخصیتمون به اتفاقات و چالش‌ها داریم، واقعیت زندگی ما رو شکل می‌دن. اگه می‌خواین واقعیتی رو که در برابر چشم‌هاتون شکل می‌گیره، تغییر بدین باید شکل واکنش بهش رو تغییر بدین. برای تغییر واکنش باید نگاه و باورتون به زندگی رو دستی بهش بکشین. عادت‌های کوچک روزانه و قدم‌های کوچک رو نباید دست‌کم بگیریم. این عادت‌ها قسمت بزرگی از این «من» رو تشکیل می‌دن که در پسِ ظاهر جسمانی‌مون قرار داره.

این روزنگار کمکتون می‌کنه و مسیر تغییرات کوچک و اساسی رو بهتون نشون می‌ده.

در این روزنگار با مطالب علمی، پژوهش‌های مختلف از دانشگاه‌های معتبر دنیا، مطالب روان‌شناختی و همچنین معنوی آشنا می‌شین که غذایی برای روح، ذهن و بدن شماست.

این روزنگار از ۳۶۵ صفحه تمرین ساده تشکیل شده که شما رو دعوت می‌کنه به لحظه برگردین و غرق در ذهن و افکارتون زندگی نکنین. تمام دارایی ما «لحظه»ست. وقتی یک سال هر روز تمرین کنیم و به خودمون یادآوری کنیم که در (لحظه) باشیم، کم‌کم توانمند می‌شیم و افسار زندگی رو در دست می‌گیریم.

من یاد گرفتم هرآنچه که در اطراف ماست، جاندار یا بی‌جان، آینه‌ای برای ماست که تصمیم بگیریم چه واکنشی به دنیا نشون بدیم. «کنجکاوی» و «اشتیاق» دو کلید اصلی هر عکس‌العمل موفقیت‌آمیزن. با این دو نیت دعوتتون می‌کنم که یک سال رو با خودتون و این روزنگار سپری کنین و عادت‌ها و قدم‌های کوچک رو جدی‌تر بگیرین.

پیشنهاد می‌کنم این روزنگار رو نگه دارین و چند سال بعد بهش برگردین و ببینین چه تغییراتی در شما رخ داده.

و حرف آخر: به یاد داشته باشین در تبدیل شدن هسته به درخت، هیچ مرحله‌ای بی‌ارزش یا بیهوده نیست. هیچ اتفاقی بد و بی‌معنا نیست.ما به اون جوانهٔ کوچک اول راه، به برگ‌های تازه و نوپا، به گل‌ها

و غنچه‌های کوچک نیاز داریم. نیاز داریم که توی زمستون برگ‌ها رو از دست بدیم. به همهٔ این مراحل نیاز داریم که هسته‌مون به درختی تنومند و زیبا تبدیل بشه و نباید روی هیچ‌کدوم از پله‌پله رشد کردن‌ها برچسب مفید نبودن یا بی‌اهمیتی بزنیم. تو هم مثل همین درختی. تو که بخشی از این طبیعتی، تصویری هستی از پروردگار و قسمتی از هوش و آگاهی در شکل انسان.

مهم‌ترین رابطهٔ شما، رابطه با خودتونه.

هرقدر دوستدار خودتون باشین، می‌تونین بقیه رو هم دوست داشته باشین.

هرچقدر برای خودتون ارزش قائل باشین، بقیهٔ آدم‌ها هم همون‌قدر برای شما ارزشمند می‌شن.

امروز قراره نیم ساعت با خودتون خلوت کنین؛ بدون موبایل، بدون تلویزیون، بدون هیچ‌چیزی که سرگرمتون کنه. می‌تونین توی حیاط خونه یا روی پشت‌بوم دراز بکشین که زیر سقف آسمون باشین، یا هرجای دیگه که راحتین.

چشم‌هاتون رو ببندین. یک دستتون رو بذارین روی شکمتون و دست دیگه رو روی قلبتون. آروم و عمیق نفس بکشین. نفس‌هاتون رو از ۱۰ به عقب بشمارین. وقتی به ۱ رسیدین و جریان آروم هوا رو حس کردین که توی شکم و قفسهٔ سینه‌تون چطور راحت بالا و پایین می‌ره، وقت تشکر از خودتون رسیده، وقت عشق دادن و مهربونی با خودتونه.

هر جمله رو با کلمهٔ «سپاسگزارم» شروع و تموم کنین:

«سپاسگزارم ازت که من رو تا اینجا آوردی، سپاسگزارم.»

«سپاسگزارم که قوی هستی، سپاسگزارم.»

«سپاسگزارم که هرچقدر بهت بی‌توجه بودم، تو همچنان همراه من بودی، سپاسگزارم.»

و هر جملهٔ دیگه‌ای که باید به خودتون بگین و فکر می‌کنین نیاز به شنیدنش هست. عجله نکنین. این تمرین رو ۵ تا ۱۰ دقیقه انجام بدین.

حستون رو بعد از این کار اینجا بنویسین.

وقتی ما برای اولین بار کاری یا عملی رو یاد می‌گیریم و انجامش می‌دیم، در لحظه هستیم و حضور کامل داریم. همچنین وقتی از انجام کاری لذت می‌بریم، چالش‌هاش باعث نمی‌شه بترسیم یا عقب بکشیم؛ چالش‌ها هم مثل خودِ کار جذاب و لذت‌بخش می‌شن.

چه کارهایی انجام می‌دین که حضورتون توش پررنگه و براتون لذت‌بخشه؟ آیا کار دیگه‌ای هست که بخواین در آینده انجام بدین یا دوست دارین جزو روتین زندگی‌تون باشه؟

امروز می‌خوایم جملهٔ «چرا این اتفاقات برای من می‌افته» رو با جملهٔ «این اتفاق چه درس/درس‌هایی به من می‌ده» جایگزین کنیم؛ جمله‌ای که باعث می‌شه احساس منفی رو از خودتون و اون اتفاق دور نگه دارین و به هر اتفاق به‌شکل جدیدی نگاه کنین. همین‌طور باعث می‌شه حسرت، سرزنش، گناه و خشم کنار بره و به‌جاش منش (رفتار) و معرفت جایگزین بشه.

به یکی از اتفاقاتی که این روزها باهاش دست‌وپنجه نرم می‌کنین، فکر کنین و جملهٔ جایگزین رو استفاده کنین.

چی به ذهنتون می‌آد؟ فکر می‌کنین برای توشهٔ تجربیات شما چه درسی داره؟

شکرگزارم که ــــــــ (رو) توی زندگی‌م دارم/ تجربه کرده‌ام.

شکرگزارم که قراره ــــــــ (رو) تجربه کنم.

شکرگزارم که ــــــــ (رو) توی زندگی‌م ندارم/ تجربه نکرده‌ام.

امشب قبل از خواب از تجربهٔ امروز و حس‌هایی که تجربه کردین بنویسین.

یکی از حیوانات پایین رو انتخاب کنین:

فیل، شیر، دلفین، سگ، اسب، عقاب

یکی از رنگ‌های پایین رو انتخاب کنین:

سبز، آبی، زرد، قرمز، بنفش، نارنجی

خصوصیات حیوانی که انتخاب کردین، چیه؟ چشم‌هاتون رو ببندین، حس کنین و حدس بزنین.

خصوصیات رنگی که انتخاب کردین، چیه؟ چه حسی داره؟ این رنگ رو بیشتر در چه مکان‌هایی می‌بینین؟

قراره امروز همهٔ این خصوصیاتی رو که نوشتین تمرین کنین.

یکی از چیزهایی که به خلاق بودن و در لحظه بودن کمک می‌کنه، انجام کار جدیده؛ نه صرفاً کاری که بزرگ و سخت باشه، برعکس، این کار می‌تونه خیلی‌خیلی ساده و راحت باشه: مثلاً مسواک رو با دست مخالف بزنین. یا جایی که هر روز غذا می‌خورین رو تغییر بدین. یک غذای جدید درست کنین. یا مکانِ پیاده‌روی روزانه‌تون رو تغییر بدین.

آیا توی هفتهٔ گذشته کاری رو انجام دادین که اولین بار بود امتحانش می‌کردین؟ اگه نه، دوست دارین چه کاری رو این هفته امتحان کنین؟

(می‌تونین جواب این سؤال رو با دست مخالف بنویسین که کار جدید امروزتون باشه.)

درختان می‌گویند بهار

پرندگان می‌گویند لانه

سنگ‌ها می‌گویند صبر

و خاک‌ها می‌گویند مصاحب

و انسان‌ها می‌گویند خوشبختی

اما همهٔ ما در یک چیز شبیهیم:

در طلب نور!

ما نه درختیم و نه خاک

پس خوشبختی را با علم به همهٔ ضعف‌هامان در تشخیص،

باید در حریم خودمان جست‌وجو کنیم...

حسین پناهی

چند دقیقه‌ای با این شعر خلوت کنین.

حستون از این شعر چیه و دوست دارین امروز چه حسی رو در خودتون تقویت کنین؟

بعد از خوندن این شعر، نیت شما برای امروز چیه؟ امروز رو با یک نیت برای امروز سپری کنین.

امروز می‌خوایم تمرین خیلی ساده‌ای انجام بدیم که از ذهنمون و افکارمون خارج بشیم و برگردیم به لحظه.

تمرینی که شاید خیلی‌ها اون رو دست‌کم می‌گیرن، درصورتی‌که همۀ ما در کودکی تجربه‌ش کرده‌ایم. امروز خوراکی‌های موردعلاقه‌تون رو انتخاب کنین، شاید حس نوستالژی به شما بده؛ مثل طعمی که در کودکی امتحان کرده‌این. حتی می‌تونین یک طعم و غذای جدید رو انتخاب کنین. پیشنهاد می‌کنم چشم‌هاتون رو ببندین چون باعث می‌شه قدرت چشایی شما بیشتر بشه.

وقتی خوراکیِ مدنظرتون رو انتخاب کردین، موبایل، تلویزیون و هر چیز دیگه‌ای که شما رو سرگرم می‌کنه، کنار بذارین و در لحظه با طعمی که در دهان دارین حضور داشته باشین.

این طعم شما رو یاد چه خاطره‌ای می‌ندازه؟

اگه می‌شد خوشبختی رو توی یک طعم خلاصه کرد، برای شما چه طعمی بود؟

ترکِ عادت‌های بد کار خیلی سخت و دشواریه. خیلی مواقع وقتی تصمیم می‌گیریم عادت‌های بدمون رو تغییر بدیم، فکر می‌کنیم بهترین راه‌حل اینه که همه‌ش رو با هم بذاریم کنار، ولی بعد از چند روز می‌بینیم آروم‌آروم برگشته‌ایم همون پلهٔ اول.

یکی از بهترین روش‌های تصمیم به تغییر اینه:

تغییرِ فقط «یک عادت» و بهتره که از عادت‌های کوچک شروع کنین. وقتی عادتی رو تغییر می‌دیم احساس اقتدار می‌کنیم، حس می‌کنیم توانمندیم و این انرژی خوبی بهمون می‌ده که تغییرات دیگه رو هم شروع کنیم.

یک عادت کوچک بد که دوست دارین تغییرش بدین، چیه؟ چه کارهایی باید براش انجام بدین؟ برنامه‌ای که براش دارین و اولین قدمی که باید براش بردارین، چیه؟ برای تغییر این عادت چقدر به خودتون زمان می‌دین؟ تاریخ بزنین.

امروز می‌خوایم از جملهٔ زیبای کتاب چهار میثاق استفاده کنیم و روزمون رو با این نیت بگذرونیم:

«با کلام خود گناه نکنید.»

قبل از خواب این سطور رو از حس‌ها و اتفاقاتی که بر شما گذشته، پر کنین. تنها موقعی از کلامتون استفاده کنین که می‌خواین عشق، مهربونی، محبت و مهر ایثار کنین.

امروز به یاد داشته باشین که هر کلمه و جمله‌ای به زبان می‌آرین، مثل آینه‌ای درون شما رو به دیگران نشون می‌ده.

از کلامتون جز برای صداقت، شرافت و حقیقت استفاده نکنین.

قبل از هر صحبتی امروز این جمله رو با خودتون تکرار کنین: **«من بر کلام خود آگاهم.»**

آیا در تکرار این مانترا موفق بودین؟ آیا امروز تونستین بر کلام خودتون آگاه باشین و با کلام خودتون گناه نکنین؟

جیم کوییک، نویسنده و سخنران، می‌گه تنها لحظه‌ای به عقب برگردین و به گذشتهٔ خودتون نگاه کنین که می‌خواین خودتون و زندگی رو جشن بگیرین. اینکه از چه سختی‌هایی گذر کرده‌این و چقدر برای اینکه تا اینجا خودتون رو رسونده‌این و نشکسته‌این ارزش قائلین.

امروز از خودتون تشکر کنین بابت اینکه از چه سختی‌ها و موانعی با شهامت گذشته‌این.

امروز قراره برقصیم یا از درک بدن استفاده کنیم و بدنمون رو چند دقیقه به حرکت دربیاریم، می‌تونه با آهنگی شاد باشه یا با آهنگی آروم و کلاسیک و در حد حرکت‌های نرم و استفاده از عضلات بدن. مهمه که بدن رو از بی‌حرکتی دربیاریم.

قراره ۵-۴ دقیقه بدن رو به دست موسیقی بسپاریم و رهایی رو تجربه کنیم.

از حستون بنویسین. از اینکه رقص امروز خوشحالتون کرده؟ یادآوری کرده که با بدنتون بیشتر دوستی کنین؟ یا اینکه همهٔ زندگی همینه؟ در همین رهاییِ شما با نعمت موسیقی؟

دکتر جو دیسپِنزا، با تحقیقاتش ثابت کرده که نود درصد چیزهایی که ما در روز بهش فکر می‌کنیم، شبیه روز قبل و قبل‌تر و گذشتهٔ ماست. برای همین، روزهای ما اکثراً خیلی تکراری و شبیه به هم می‌شه و زندگی شکل روتین به خودش می‌گیره.

برای به وجود اومدن افکار جدید باید اتفاق‌های جدیدی اطراف ما رخ بده و خودمون رو در شرایط جدید قرار بدیم که به بار علم و آگاهی‌مون اضافه کنه. کار جدیدی رو که قراره به بار آگاهی شما در این هفته اضافه کنه، بنویسین. چه برنامه‌ای دارین؟ آیا می‌تونین بیشتر از یک کار انجام بدین؟ توی روز بیست‌وهفتم از شما درمورد تجربه‌تون می‌پرسم.

من خویشاوند هر انسانی هستم که خنجری در آستین پنهان نمی‌کند. نه ابرو درهم می‌کشد... نه لبخندش ترفند تجاوز به حق نان و سایه‌بان دیگران است. نه ایرانی را به غیرایرانی ترجیح می‌دهم، نه ایرانی را به ایرانی. من یک لرِ بلوچِ کردِ فارسم، یک فارس‌زبان ترک، یک افریقایی اروپایی استرالیایی امریکاییِ آسیایی‌ام، یک سیاه‌پوستِ زردپوستِ سرخ‌پوستِ سفیدم که نه‌تنها با خودم و دیگران کمترین مشکلی ندارم، بلکه بدون حضور دیگران وحشت مرگ را زیر پوستم احساس می‌کنم. من انسانی هستم میان انسان‌های دیگر بر سیارهٔ مقدس زمین، که بدون حضور دیگران معنایی ندارم. ترجیح می‌دهم شعر شیپور باشد، نه لالایی.

احمد شاملو

چند دقیقه‌ای با این متن خلوت کنین.

حستون از این متن چیه و دوست دارین امروز چه حسی رو در خودتون تقویت کنین؟

بعد از خوندن این متن، نیت شما برای امروز چیه؟ امروز رو با یک نیت برای امروز سپری کنین.

امروز تمرین می‌کنیم:

شبیه آدمی باشیم که دوست داریم توی زندگی‌مون باشه، مثلاً دوست داریم یک فرد، یک دوست یا یک یار صبور، مهربان، عاشق و خون‌گرم داشته باشیم. امروز تمرین می‌کنیم که همهٔ اون صفات رو توی خودمون جا بدیم و اون صفات رو زندگی کنیم.

صفاتی که امروز تمرین می‌کنین، چه صفاتی‌ان؟ قبل از خواب میزان موفقیتتون در تمرینات رو ثبت کنین و بنویسین چه حسی داشتین.

به شکل و نوعی که در ذهنتون با خودتون صحبت می‌کنین، دقت کنین. معمولاً چنین افکاری تو ذهن ما هست: «چرا؟ چرا برای من؟ چطوری ممکنه بشه؟ من نمی‌خوام، برای من که هیچ‌وقت نشده، من ندارم.» تمرکز ما معمولاً روی چیزهاییه که «نداریم» تا بر چیزهایی که «داریم» یا در مسیر «کشف» اون هستیم. ورزشکاران المپیک هر روز برای بهتر شدن تمرین می‌کنن و مدالی رو که قراره به گردن بندازن، تصور می‌کنن، تمرکزشون روی چیزیه که «دارن» و چیزی که در مسیر «کشف» اون هستن.

چند خط بنویسین و از چیزهایی که با تلاش به دست آوردین بگین، و در پایان از خودتون تشکر کنین. تمرین‌های تشکر از خود ممکنه بعضی وقت‌ها سخت باشه، ولی دوست داشتن خود از همین قدم‌های کوچک شروع می‌شه.

هرکجا که در حال حاضر هستین، به اطرافتون خوب نگاه کنین؛ بالا و پایین، رنگ‌ها، شکل‌ها. اول نگاه کنین. با دقت! بعد جملات پایین رو بخونین.

۱. جایی که هستین به چیزهایی که دایره‌ای‌شکل‌ان نگاه کنین و بدون جا انداختن هیچ‌چیز، بشمارین چندتا شیء دایره‌ای‌شکل می‌بینین. عجله نکنین.

عدد:

۲. حالا به اشیای مربع و مستطیل‌شکل نگاه کنین و اون‌ها رو بشمارین. عجله نکنین.

عدد:

اول این تمرین رو انجام بدین، بعد بقیهٔ متن رو بخونین.

شما با انجام این تمرین ساده حدود ۳ تا ۵ دقیقه از افکار و ذهن شلوغ خارج شدین! بله؛ بدون اینکه به مشکلات، غم‌ها، ترس‌ها، اتفاقات و هر چیزی که در گذشته اتفاق افتاده یا در آینده قراره اتفاق بیفته، فکر کنین. شما چند دقیقه در لحظهٔ حال و با خودتون حضور داشتین.

به همین سادگی!

این تمرین ساده برای رهایی از مواقعی که استرس دارین یا قراره با اتفاق جدیدی روبه‌رو بشین، کمکتون می‌کنه. امروز چند بار این تمرین رو خارج از خونه تکرار کردین؟

کجا انجامش دادین؟ آیا دوباره سراغش می‌رین؟

شکرگزارم که ـــــــــ (رو) توی زندگی‌م دارم/ تجربه کرده‌ام.
شکرگزارم که قراره ـــــــــ (رو) تجربه کنم.
شکرگزارم که ـــــــــ (رو) توی زندگی‌م ندارم/ تجربه نکرده‌ام.

امشب قبل از خواب از تجربهٔ امروز و حس‌هایی که تجربه کردین بنویسین.

به شخصی فکر کنین که دوست دارین ارتباط بهتر و قوی‌تری باهاش داشته باشین. اون شخص می‌تونه یکی از اعضای خانوادهٔ شما، دوست یا پارتنرِتون باشه.

می‌تونین یک غذای جدید انتخاب کنین که با هم تستش کنین یا مکان جدیدی رو انتخاب کنین و اون فرد رو دعوت کنین تا با شما همراه بشه. جملهٔ «من می‌خوام بهتر همدیگه رو درک کنیم» رو به کار ببرین و دعوتش کنین.

این صفحه رو خالی بذارین و بعد از انجام این تمرین تجربه‌تون رو اینجا ثبت کنین.

امروز روز اشتیاقه؛ روزی که قراره هر کاری، تکرار می‌کنم هر کاری که انجام می‌دیم مشتاقانه باشه. می‌خوایم کاری رو که انجام می‌دین با تمام وجود انجام بدین.

قبل از هرکاری این جمله رو تکرار کنین: «تمام تمرکز من اینجاست و می‌خوام با اشتیاق کار کنم.» حتی اگه اون کار به‌سادگیِ درست کردن صبحانه باشه یا تمیز کردن محیط اطراف، بهترین عملکردی رو که می‌تونین از خودتون ارائه بدین.

یادتون باشه اشتیاق باعث می‌شه ایده‌های کاری جدید و خلاقانه به ذهن شما برسه.

با «فکر کردن» هدف پیدا نمی‌شه.

با «انجام دادنه» که برای خودتون هدفی پیدا می‌کنین.

کارهای ساده رو با اشتیاق انجام بدین تا خلاقیت به شما برگرده.

از حس امروزتون بنویسین. یادتون موند که این جملهٔ تأکیدی رو تکرار کنین؟

در دل من چیزی است، مثلِ یک بیشهٔ نور، مثل خواب دم صبح
و چنان بی‌تابم، که دلم می‌خواهد
بدوم تا ته دشت، بروم تا سر کوه.
دورها آوایی است، که مرا می‌خواند.

سهراب سپهری

چند دقیقه‌ای با این شعر خلوت کنین.
حستون از این شعر چیه و دوست دارین امروز چه حسی رو در خودتون تقویت کنین؟
بعد از خوندن این شعر، نیت شما برای امروز چیه؟ امروز رو با یک نیت برای امروز سپری کنین.

امروز روز هنرمند بودنه.
روز خلق کردن.
شما هنر رو در چی می‌بینین؟
توی چه کاری دست به خلق کردن می‌زنین؟
امروز، نیم ساعت هم که شده هنرمند باشین. می‌تونین نقاشی کنین، طراحی کنین، کلاژ درست کنین، شعر بگین، گل یا گیاهی بکارین یا هر کار دیگه‌ای که برای شما حس خوبِ آفرینش رو به وجود می‌آره.
امروز چه‌چیزی خلق کردین؟ حین انجامش چه حسی داشتین؟ آیا وقتی خلق می‌کردین حضور کامل داشتین؟

قراره امروز یک تمرین نفس‌گیر جدید و عمیق رو با هم انجام بدیم؛ برگرفته از کارهای یکی از اساتید مراقبه به‌نام ویم هوف.

موبایل یا ساعتتون رو بذارین کنارتون که بتونین از ثانیه‌شمارش استفاده کنین.

۱. ۳۰ تا نفس عمیق بکشین. تمام نفس‌هاتون رو بشمارین و این کار رو عمیق و بدون مکث انجام بدین. روی شمارش ۳۰ که آخرین بازدم رو انجام دادین، ۳۰ ثانیه نفستون رو نگه دارین/حبس کنین. (ثانیه‌شمار رو از قبل بذارین جلوتون که آماده باشه.)

بعد از ۳۰ ثانیه مکث ـ یک دم عمیق ـ چند ثانیه مکث.

۲. دوباره ۳۰ تا نفس عمیق بکشین، مثل دفعهٔ اول.

بعد از آخرین بازدم در شمارهٔ ۳۰، این دفعه ۱ دقیقه نفستون رو حبس کنین. (نگران نباشین، سطح اکسیژن بدن شما بالا رفته و حتماً توانایی این کار رو دارین).

بعد از یک دقیقه مکث ـ یک دم عمیق ـ چند ثانیه مکث.

۳. باز هم ۳۰ تا نفس عمیق رو تکرار کنین برای بار آخر و این بار ۱ دقیقه و نیم نفستون رو حبس کنین.

۳۰ تا نفس ـ ۳۰ ثانیه حبس

۳۰ تا نفس ـ ۱ دقیقه حبس

۳۰ تا نفس ـ ۱ دقیقه و نیم حبس

ممکنه دفعات اول نتونین به‌اندازهٔ گفته‌شده نفستون رو نگه دارین یا سرتون به‌خاطر سطح اکسیژن گیج بره، تمام این واکنش‌های بدن عادی و طبیعیه.

حستون رو بعد از این تمرین بنویسین. اگه تمرین رو دوست دارین، می‌تونین روزانه اون رو تکرار کنین، برای هوشیاری و تمرکز بالا.

امروز روز محبته.

آدام گرانت، پروفسور دانشگاه وارتون و نویسندهٔ کتاب بده و بستان، پیشنهاد می‌کنه که اگه تمرکز بیشتر روی مهر و محبت بی‌چشمداشت باشه، ما انسان‌های خوشحال‌تری خواهیم بود.

محبت داشته باشیم بدون اینکه چیزی تقاضا کنیم. می‌تونین این عمل رو در محل کار، با دوستان یا با افراد توی خونه انجام بدین.

یک نفر رو انتخاب کنین و یک عمل رو که فکر می‌کنین تأثیر حتی کوچکی بر اون شخص یا زندگی‌ش داره در نظر بگیرین.

چه‌کسی رو در نظر دارین و چه کاری رو؟ بعد از انجامش چه حسی داشتین؟

امروز قراره از درک بدن و حس لامسه استفاده کنیم.

امروز روز بغل کردنه، یا روز گرفتن دست کسی.

امروز یک نفر رو انتخاب کنین، شاید به شما نزدیک باشه شاید دور، یک نفر که ممکنه باهاش صمیمی باشین یا خیلی نه، یک نفر که حس خوبی بهش دارین یا حتی حس خوبی بهش ندارین. فردی رو انتخاب کنین و بغلش کنین یا دستش رو بگیرین.

از حستون اینجا بنویسین. اینکه به‌سمت فردی قدم بردارین چه حسی داره؟

امروز می‌خوایم از جملۀ زیبای کتاب چهار میثاق استفاده کنیم و روزمون رو با این نیت بگذرونیم: «با کلام خود گناه نکنید.»

قبل از خواب این سطور رو از حس‌ها و اتفاقاتی که بر شما گذشته، پر کنین. تنها موقعی از کلامتون استفاده کنین که می‌خواین عشق، مهربونی، محبت و مهر ایثار کنین.

امروز به یاد داشته باشین که هر کلمه و جمله‌ای به زبان می‌آرین، مثل آینه‌ای درون شما رو به دیگران نشون می‌ده.

از کلامتون جز برای صداقت، شرافت و حقیقت استفاده نکنین.

قبل از هر صحبتی امروز این جمله رو با خودتون تکرار کنین: **«من بر کلام خود آگاهم.»**

آیا در تکرار این مانترا موفق بودین؟ آیا امروز تونستین بر کلام خودتون آگاه باشین و با کلام خودتون گناه نکنین؟

در روز سیزدهم ازتون خواستم یک کار جدید رو در این هفته انجام بدین که به بار آگاهی شما اضافه کنه. آیا انجامش دادین؟ چه حسی داشت؟ تجربهٔ خوبی بود یا نه؟ آیا تکرارش می‌کنین؟ فکر می‌کنین می‌تونین کس دیگه‌ای رو مشتاق به این کار کنین؟ چه تفاوتی در خودتون می‌بینین وقتی برای «اولین» بار کاری رو انجام می‌دین با وقتی که کاری در زندگی شما «تکراریه»؟

کنار من باش

حتی اگر بهار نیاید

حتی اگر پرنده‌ای نخواند

حتی اگر زمستان طولانی

اگر سرما نفس‌گیر

حتی اگر روزگارمان پر از شب

پر از تاریکی

باز یکی با نفس‌هایش

عشق را صدا می‌زند.

دنیا پر از عطرِ بابونه است، محبوبِ من!

بیا بودن را اراده کنیم

بیا از سرِ انگشتانِ این احساس آویزان شویم

لبریز و مست تاب بخوریم

دنیا پر از عطرِ بابونه است، محبوبِ من!

بیا شگفتی دوست داشتن را

به سینه‌هامان بسپاریم

بیا ساده باشیم

ساده باشیم و عاشق.

نیکی فیروزکوهی

چند دقیقه‌ای با این شعر خلوت کنین.

حستون از این شعر چیه و دوست دارین امروز چه حسی رو در خودتون تقویت کنین؟

بعد از خوندن این شعر، نیت شما برای امروز چیه؟ امروز رو با یک نیت برای امروز سپری کنین.

درد چیزیه که همهٔ ما از اون فراری هستیم، درصورتی‌که اگه درد نباشه، ما می‌میریم.

درد زبان بدن و ذهن ماست. وقتی چیزی در وجود ما تعادلش رو از دست می‌ده، بدنمون با درد اون رو بهمون نشون می‌ده. بدون درد بقایی وجود نداره. وقتی سلامت روان و جسممون به هم ریخته یا از تعادل خارج شده، درد برای کمک به ما وارد می‌شه.

آیا تا حالا به درد با دید «کمک» نگاه کرده بودین؟ آیا این روزها دردی دارین که شما رو کلافه کرده؟ دردی در جسم یا روح و روانتون؟ آیا تابه‌حال از این هشدارِ درد تشکر کرده‌این که در تلاش برای به تعادل رسوندن شماست؟ از حس و درد این روزها بنویسین.

امروز می‌خوایم تمرین بخشش معروف بومیان هاوایی به نام هواپونوپونو رو با هم انجام بدیم.

شاید اولش سخت باشه، یا شاید کمی احساساتی بشین. اگه با هر جمله نفس عمیق بکشین و خودتون رو رها کنین، مسیر رو برای خودتون آسون‌تر می‌کنین.

این چهارتا جمله رو یکی‌یکی زیر لب تکرار کنین و با هرکدوم ۳ نفس عمیق بکشین.

۱. من رو ببخش.

۲. دوستت دارم.

۳. متأسفم.

۴. سپاسگزارم/ممنونم.

این جملات رو می‌تونین به خودتون یا هرکس دیگه‌ای در ذهنتون بگین. دست‌هاتون رو روی قلبتون بذارین و با هر جمله ۳ نفس عمیق بکشین.

احساستون رو بعد از انجام این تمرین بنویسین.

امروز می‌خوایم از نعمت آواز خوندن استفاده کنیم؛ برای برقراری ارتباط بهتر با خودمون.

تکرار می‌کنم: «نیت» ما فقط و فقط خوندن برای برقراری ارتباط بهتره، به این افکار تن ندیم:

«من صدام خوب نیست، من بلد نیستم، من خجالت می‌کشم، من نمی‌خوام صدای خودم رو بشنوم.» (که همهٔ این‌ها قضاوت خودمونه؛ ما همیشه بیشترین ضربه رو خودمون به خودمون می‌زنیم.) خودتون رو قضاوت نکنین و مثل یک میزبان خودتون رو به آهنگ موردعلاقه‌تون دعوت کنین.

می‌تونین جلوی آینه، بالای پشت‌بوم یا توی طبیعت بخونین؛ یا حتی اگه راحتین جلوی خانواده و دوستان. خودتون رو به آهنگ بسپارین و اجازه بدین در رهاترین حالت، مثل یک «کودک»، آواز خوندن بخش زیادی از وجود شما رو در بر بگیره.

مثل همیشه، تجربهٔ خودتون رو اینجا بنویسین.

خیلی از ماها تصور می‌کنیم مشکل بقیه، مشکل ما نیست و اگه روی من و زندگی من تأثیری نداره، چرا باید وقتم رو صرفش کنم. درصورتی‌که یکی از چیزهایی که انسان‌ها رو عمیقاً خوشحال می‌کنه و حس خوبی برای تمام روز و حتی بیشتر بهشون می‌ده، کمکیه که از غریبه‌ها بهشون می‌رسه.
دستی که اصلاً توقع نداشتیم دستمون رو بگیره.
چقدر برای شما مهمه که اون غریبه باشین در زندگی دیگران؟ کسی که در زندگی دیگران مثل معجزه باشه؟ آخرین باری که به شخصی که مشکلش واقعاً مشکل شما نبوده کمک کردین، کی بوده؟ فردا چطور؟ از امروز به بعد چطور می‌تونین اون غریبه در زندگی کسی باشین؟

یکی از احساساتی که به مثبت‌اندیشی کمک می‌کنه، نشون دادن علاقه و ذوق به کسی، کاری یا چیزیه. علاقه و ذوق، شما رو از غرق شدن همیشگی در افکار و ذهن بیرون می‌کشه. شما رو به لحظه دعوت می‌کنه.

چشم‌هاتون رو ببندین و پنج نفس عمیق بکشین. آخرین باری که با ذوق و علاقه به‌سمت چیزی رفتین کی بوده؟ چطور باید در زندگی بیشترش کنین؟ چطوری می‌خواین این احساس رو امروز توی زندگی‌تون ایجاد کنین؟

وقتی آگاهانه تصمیمی می‌گیریم، مثل همین که بخوایم خودمون رو در یک موقعیت لذت‌بخش قرار بدیم که ما رو به ذوق بیاره، باعث می‌شه فرصت‌ها رو بهتر ببینیم و تشخیص بدیم. با یک تماس کوچک به فردی که بهتون نزدیکه و یادآوری یک خاطره، ذوق‌وشوق رو به یاد اون فرد و خودتون بیارین و حستون رو اینجا ثبت کنین.

شکرگزارم که ـــــــــ (رو) توی زندگی‌م دارم/ تجربه کرده‌ام.

شکرگزارم که قراره ـــــــــ (رو) تجربه کنم.

شکرگزارم که ـــــــــ (رو) توی زندگی‌م ندارم/ تجربه نکرده‌ام.

امشب قبل از خواب از تجربهٔ امروز و حس‌هایی که تجربه کردین بنویسین.

افق تاریک

دنیا تنگ

نومیدی توان‌فرساست

می‌دانم

ولیکن ره سپردن در سیاهی

رو به‌سوی روشنی زیباست

می‌دانی

«به شوق نور در

ظلمت قدم بردار»

به این غم‌های جان‌آزار دل مسپار

که مرغان گلستان زاد

که سرشارند از آواز آزادی

نمی‌دانند هرگز لذت و ذوق رهایی را

و رعنایان تن در تور پرورده

نمی‌دانند در پایان تاریکی، شکوه روشنایی را

فریدون مشیری

چند دقیقه‌ای با این شعر خلوت کنین.

حستون از این شعر چیه و دوست دارین امروز چه حسی رو در خودتون تقویت کنین؟

بعد از خوندن این شعر، نیت شما برای امروز چیه؟ امروز رو با یک نیت برای امروز سپری کنین.

امروز روز شکرگزاری برای تجربه‌ست.

امروز قراره بابت یک خاطره، یک اتفاق که تجربهٔ دل‌چسبی به شما داده و از اون مهم‌تر، شما رو در مسیر بهتری قرار داده، سپاسگزاری کنیم.

اون تجربه رو بنویسین و در آخر:

شکرگزارِ دنیای تجربه‌ها باشین که درش رو به روی شما باز می‌کنه همیشه.

افتخار کردن همراه با فروتنی چیز بدی نیست.

وقتی در موقعیتی قرار می‌گیرین که از پس کاری براومده‌این، این افتخار بر توانایی شما، زندگی و هویت خودتون مهر تأیید محکم‌تری می‌زنه.

آخرین باری که کاری کردین که احساس افتخار نسبت به خودتون داشتین، کی بود؟ اگه آدم‌ها، دوستان یا خانواده‌تون رو در موقعیتی ببینین که سربلند از کاری بیرون اومدن، بهشون می‌گین که بهشون افتخار می‌کنین؟ آخرین بار کی این کار رو کردین؟

نیازی نیست که کار خیلی بزرگی باشه. خیلی مواقع همین که در اوج غم و افسردگی از تخت بلند می‌شیم و غذایی برای خودمون درست می‌کنیم، خودش یک همت بزرگ می‌خواد و می‌شه بابتش به وجود خودمون افتخار کنیم.

حس «الهام گرفتن» یکی از حس‌های مثبتیه که انسان رو خلاق می‌کنه. ما وقتی می‌تونیم الهام بگیریم که دیوار دفاعی دورمون نباشه؛ هنگامی که احساس نکنیم باید از خودمون دفاع کنیم یا باید مراقب باشیم که صدمه نبینیم.

وقتی تسلیم حقیقت می‌شیم (تسلیم نه به معنی شکست) دریچهٔ قلبمون باز می‌شه و خودمون رو در موقعیت «دریافت» قرار می‌دیم، مثلاً وقتی به غروب خورشید نگاه می‌کنیم، وقتی به معصومیت یک نوزاد نگاه می‌کنیم، نه دیوار دفاعی دورمون داریم و نه حس می‌کنیم باید مراقب باشیم که صدمه نبینیم. فقط دریچهٔ قلبمون بازه که هرچه هست رو دریافت کنیم.

اون موقع‌ست که الهام می‌گیریم.

آخرین باری که حس کردین موقعیت یا شخصی باعث شده شما در زندگی الهام بگیرین، کی بوده؟ از اون حس بنویسین.

امروز قراره برین دنبال چیز جدیدی برای یادگیری.

کار جدید، اطلاعات علمی جدید، چیزی که اصلاً نه ربطی به رشتهٔ کاری شما داره و نه ربطی به زندگی روتین و روزمره‌تون؛ از طریق اینترنت، از هم‌صحبتی با شخصی که در حرفهٔ خاصی فعالیت داره یا هر راه دیگه‌ای که برای شما خوبه.

چند دقیقه با کنجکاوی به اطرافتون نگاه کنین.

کنجکاوی کلید این تمرینه.

هر چیزی که توجه شما رو به خودش جلب کرد، کمی درمورد پس‌زمینه‌ش تحقیق کنین و ببینین چطور اون شیء یا اتفاق به اینجا و به این نقطه رسیده.

کل این تمرین شاید حدود ۲۰ دقیقه وقتتون رو بگیره، ولی نتایج خیلی جالبی ازش می‌گیرین.

امروز می‌خوایم از جملهٔ زیبای کتاب چهار میثاق استفاده کنیم و روزمون رو با این نیت بگذرونیم:
«با کلام خود گناه نکنید.»

قبل از خواب این سطور رو از حس‌ها و اتفاقاتی که بر شما گذشته، پر کنین. تنها موقعی از کلامتون استفاده کنین که می‌خواین عشق، مهربونی، محبت و مهر ایثار کنین.

امروز به یاد داشته باشین که هر کلمه و جمله‌ای به زبان می‌آرین، مثل آینه‌ای درون شما رو به دیگران نشون می‌ده.

از کلامتون جز برای صداقت، شرافت و حقیقت استفاده نکنین.

قبل از هر صحبتی امروز این جمله رو با خودتون تکرار کنین: **«من بر کلام خود آگاهم.»**

آیا در تکرار این مانترا موفق بودین؟ آیا امروز تونستین بر کلام خودتون آگاه باشین و با کلام خودتون گناه نکنین؟

امروز قراره برقصیم یا از درک بدن استفاده کنیم و بدنمون رو چند دقیقه به حرکت دربیاریم، می‌تونه با آهنگی شاد باشه یا با آهنگی آروم و کلاسیک و در حد حرکت‌های نرم و استفاده از عضلات بدن. مهمه که بدن رو از بی‌حرکتی دربیاریم.

قراره ۵-۴ دقیقه بدن رو به دست موسیقی بسپاریم و رهایی رو تجربه کنیم.

از حستون بنویسین. از اینکه رقص امروز خوشحالتون کرده؟ یادآوری کرده که با بدنتون بیشتر دوستی کنین؟ یا اینکه همهٔ زندگی همینه؟ در همین رهاییِ شما با نعمت موسیقی؟

می‌توان خورشید را تفسیر کرد
واژه‌های داغ را در خود کشید
صبح شد، روشن شد و بیدار کرد
مثل یک پروانه گل‌ها را پرید
می‌توان یک شعر شد بی‌قافیه
ذهن را در کهنگی‌هایش شکست
یک صدای تازه شد چون وسوسه
جنگ را با نقطهٔ یک بوسه بست
می‌توان رسم و رسومی تازه شد
مثل آهنگی که از دیروز نیست
مثل لبخندی که بکر و تازه است
در جهانی مملو از امروز زیست
مثل باران قطره را رقصان بخوان
چشمه باش و رود باش و آبشار
قصهٔ دریا همیشه تازه است
متنِ اقیانوس را بر خود ببار

اکرم بهرامچی

چند دقیقه‌ای با این شعر خلوت کنین.
حستون از این شعر چیه و دوست دارین امروز چه حسی رو در خودتون تقویت کنین؟
بعد از خوندن این شعر، نیت شما برای امروز چیه؟ امروز رو با یک نیت برای امروز سپری کنین.

همهٔ ما در طول هفته از ۷ روزِ ۲۴ساعته برخورداریم.

آدم‌های موفق از ما زمان بیشتر یا روزهای بیشتری ندارن. تنها تفاوتشون اینه که جوری برنامه‌ریزی می‌کنن و از وقتشون استفاده می‌کنن که باعث می‌شه بازدهی متفاوتی از روزهاشون بگیرن.

چه چیزی وقت شما رو بیشتر از آنچه که باید می‌گیره؟ چه برنامه‌ای که برای حذف یا کم کردنش دارین؟

امروز می‌خوایم برنامه‌ریزی تازه‌ای برای یک عادت جدید داشته باشیم. عادتی که دوست دارین توی زندگی داشته باشین که شاید تا حالا پشت گوش می‌نداختین. این عادت می‌تونه کتاب خوندن، پیاده‌روی یا هر چیزی که مدنظر خودتون هست، باشه.

اول، عادت رو بنویسین؛ دوم، چقدر زمان قراره براش صرف کنین و سوم اینکه، چه موقع از روز قراره انجامش بدین.

به این فکر کرده‌این که از قدم‌های کوچک‌تر شروع کنین؟ که روزبه‌روز و مرحله‌به‌مرحله سخت‌ترش کنین؟ این‌جوری بدن و ذهنتون رو کم‌کم آماده می‌کنین برای تغییری که همیشه منتظرش بودین. از فردا به مدت ۲۱ روز قراره این عادت رو بدون جا انداختن حتی یک روز انجام بدیم.

مِل رابینز، نویسندهٔ کتاب قانون ۵ ثانیه می‌گه هر کاری که پشت گوش می‌ندازین یا توش تنزلی دارین رو می‌تونین با قانون ۵ ثانیه تغییری درونش ایجاد کنین.

قانون ۵ ثانیه می‌تونه در هر لحظه از زندگی روزمره، در مواجهه با دشواری، عدم قطعیت و ترس مؤثر باشه. این قانون ممکنه در بهبود وضعیت سلامت، افزایش بهره‌وری و مقابله با به تعویق انداختن کمک کنه.

به کاری که عقب افتاده و نیازه زمانی براش صرف کنین، فکر کنین. از پنج به یک (به عقب) بشمارین بدون اینکه فکر کنین الان زمانش نیست، الان حسش رو ندارم یا هر بهانهٔ دیگه‌ای، بلند شین و انجامش بدین.

۵ ۴ ۳ ۲ ۱

حستون رو بعد از به اتمام رسوندن اون کار اینجا بنویسین. فکر می‌کنین باز هم از این تمرینِ راحت استفاده می‌کنین؟

امروز عادتی رو که روز چهل‌وچهارم نوشته بودین، انجام دادین؟

خیلی وقت‌ها دلیل استرس ما اینه که فکر می‌کنیم همه‌چیز از کنترل خارج شده یا قراره از کنترل خارج بشه. اینکه تصمیم‌گیری دست ما نیست یا قرار نیست باشه، بهمون اضطراب می‌ده.
امروز می‌خوایم دوتا راه‌حل به شما بدیم که به استرس‌های ناشی از ترس از کنترلِ ازدست‌رفته کمک می‌کنه:

- ۵ تا ۷ کاری رو که در روز انجام می‌دین و تصمیم‌گیری درمورد اون با خودتونه، بنویسین؛ می‌تونه هر چیز ساده‌ای باشه یا هر تصمیم مهمی. مثل اینکه چه غذایی بخورم. چقدر با دوستم تلفنی حرف بزنم. چقدر برای ورزش وقت بذارم. بعد از نوشتن، هر خط رو کلمه‌به‌کلمه و بدون عجله، زیرلب بخونین.
- (این کار برای اینه که اول ذهنتون رو آروم کنین.)
- به ترس از استرس اعلام کنین که چیزی از کنترل خارج نیست. برای اینکه ذهن آروم بشه باید بهش یادآوری کنین که تمام روز قدرت تصمیم‌گیری داشته‌این و دارین.

بعد دفتر رو بعد از خوندن خط‌های آخر کنار بذارین. دست‌هاتون رو روی قلبتون بذارین و این دو جمله رو تکرار کنین:
«قلبم من رو می‌تپه»
«نفسم من رو می‌کشه»
به یاد بیارین که شما قسمتی از جریان و هوش کیهانی هستین. هیچ کنترلی در واقع در دستان ما نیست. حتی نفس کشیدن و قلبی که برای ما می‌تپه هم دست ما نیست. با جریان و رقصی که در بدنتون در رفت‌وآمده، همراه بشین. با بالا و پایین رفتن شکمتون به‌خاطر دم و بازدم همراه باشین.

امروز عادتی رو که روز چهل‌وچهارم نوشته بودین، انجام دادین؟

جملهٔ «خوشحالی عزیزانم خوشحالی خودم است» رو قبول دارین؟ حالا خوشحالی فردی رو که غریبه‌ست چطور؟ اینکه هیچ نوع ارتباط یا رابطهٔ عاطفی با شخصی نداشته باشین، ولی خوشحالش کنین براتون مهمه؟ اگه نه، وقتشه که امتحان کنین! اگه هم که بله، بگین آخرین باری که یک غریبه رو خوشحال کردین، کی بوده؟

برای امروزِ خودتون هدف بذارین که با قصدِ خوشحال کردن یک غریبه، روزم رو شب می‌کنم و بعدش حستون رو اینجا ثبت کنین.

امروز عادتی رو که روز چهل‌وچهارم نوشته بودین، انجام دادین؟

شکرگزارم که ــــــــ (رو) توی زندگی‌م دارم/ تجربه کرده‌ام.

شکرگزارم که قراره ــــــــ (رو) تجربه کنم.

شکرگزارم که ــــــــ (رو) توی زندگی‌م ندارم/ تجربه نکرده‌ام.

امشب قبل از خواب از تجربهٔ امروز و حس‌هایی که تجربه کردین بنویسین.

امروز عادتی رو که روز چهل‌وچهارم نوشته بودین، انجام دادین؟

نه

همیشه برای عاشق شدن

به دنبال بهار و باران و بابونه نباش

گاهی

در انتهای خارهای یک کاکتوس

به غنچه‌ای می‌رسی

که ماه را بر لبانت می‌نشاند

گروس عبدالملکیان

چند دقیقه‌ای با این شعر خلوت کنین.

حستون از این شعر چیه و دوست دارین امروز چه حسی رو در خودتون تقویت کنین؟

بعد از خوندن این شعر، نیت شما برای امروز چیه؟ امروز رو با یک نیت برای امروز سپری کنین.

امروز عادتی رو که روز چهل‌وچهارم نوشته بودین، انجام دادین؟

امـروز روز اشتیاقه؛ روزی کـه قـراره هـر کاری، تکـرار مـی‌کنـم هـر کاری کـه انجـام مـی‌دیم مشـتاقانه باشـه. می‌خوایم کاری رو که انجام می‌دین با تمام وجود انجام بدین.

قبل از هرکاری این جمله رو تکرار کنین: «تمام تمرکز من اینجاست و می‌خوام با اشتیاق کار کنم.» حتی اگه اون کار به‌سادگیِ درست کردن صبحانه باشه یا تمیز کردن محیط اطراف، بهترین عملکردی رو که می‌تونین از خودتون ارائه بدین.

یادتون باشه اشتیاق باعث می‌شه ایده‌های کاری جدید و خلاقانه به ذهن شما برسه.

با «فکر کردن» هدف پیدا نمی‌شه.

با «انجام دادنه» که برای خودتون هدفی پیدا می‌کنین.

کارهای ساده رو با اشتیاق انجام بدین تا خلاقیت به شما برگرده.

از حس امروزتون بنویسین. یادتون موند که این جملهٔ تأکیدی رو تکرار کنین؟

امـروز عادتی رو که روز چهل‌وچهارم نوشته بودین، انجام دادین؟

امروز روز شکرگزاری از بدنه.

از بالای سر شروع کنین. هرکدوم از اجزای صورت و بدن رو که به ذهنتون می‌آد، بنویسین. بعد از نوشتن هرکدوم، یک لحظه مکث کنین و به اینکه امروز چه کاری برای شما انجام داده، فکر کنین و شکرگزاری کنین. با جملهٔ:

«(ای بدن) من به تو اطمینان می‌دهم که به درست‌ترین نحو از تو بهره‌مند خواهم شد.»

مثال:

- لب‌هایم

«شکر برای لب‌هایم. امروز با من همراه شدند که حرف بزنم، غذا بخورم، ببوسم. من به شما اطمینان می‌دهم که به درست‌ترین نحو ازتان بهره‌مند خواهم شد.»

- دست‌ها و انگشتانم

«شکر برای دست‌ها و انگشتانم. امروز با من همراه شدند که بنویسم، غذا بپزم، ورزش کنم. من به شما اطمینان می‌دهم که به درست‌ترین نحو ازتان بهره‌مند خواهم شد.»

(درست بهره‌مند شدن و سوءاستفاده نکردن به هر معنایی می‌تونه باشه: اینکه از لب‌هامون استفاده کنیم و کلامی رو به لب بیاریم که نباید. اینکه از دست‌ها و انگشت‌هامون استفاده کنیم و پیامی برای کسی بفرستیم که نباید.)

وقتی شکرگزاری می‌کنین در نوشتن عجله نکنین، روی کلمات متمرکز باشین. می‌تونین هرچقدر که دوست دارین با این تمرین وقت بگذرونین.

امروز عادتی رو که روز چهل‌وچهارم نوشته بودین، انجام دادین؟

امروز روز هنرمند بودنه.

روز خلق کردن.

شما هنر رو در چی می‌بینین؟

توی چه کاری دست به خلق کردن می‌زنین؟

امروز، نیم ساعت هم که شده هنرمند باشین. می‌تونین نقاشی کنین، طراحی کنین، کلاژ درست کنین، شعر بگین، گل یا گیاهی بکارین یا هر کار دیگه‌ای که برای شما حس خوبِ آفرینش رو به وجود می‌آره.

امروز چه چیزی خلق کردین؟ حین انجامش چه حسی داشتین؟ آیا وقتی خلق می‌کردین حضور کامل داشتین؟

امروز عادتی رو که روز چهل‌وچهارم نوشته بودین، انجام دادین؟

وسط روزهای پراسترس اگه ۵ دقیقه رو بخواین به خودتون اختصاص بدین که کاری کنین کمی آروم بگیرین، چه کاری در اون ۵ دقیقه انجام می‌دین؟

آیا نفس کشیدن «موج» رو امتحان کردین؟

پیشنهاد می‌کنم در روزهای پر از مشغله و استرس، نفس‌گیری موج رو انجام بدین که با پر کردن بدنتون از اکسیژن، سطح اسیدی بدن رو پایین بیارین و ذهنتون رو کمی آروم کنین.

یک دمِ عمیق بگیرین و هوا رو از دهان خارج کنین.

یک دم عمیق دیگه، ولی این دفعه دستتون رو روی شکمتون بذارین و سعی کنین فقط شکم رو پر کنین. بازدم از دهان، خیلی آروم هوا رو بیرون بدین. دقت کنین که چطوری شکمتون خالی می‌شه.

یک دم عمیق دیگه. شکمتون رو پر کنین و وقتی حس کردین به‌اندازهٔ کافی پر شده، دم رو ادامه بدین، ولی این دفعه قفسهٔ سینه رو هم پر کنین. ۱ تا ۳ ثانیه نگه دارین بعد هوا رو خالی کنین.

آخرین نفس شما مثل موجی از شکم شروع شد و بعد وارد قفسهٔ سینه شد.

۵ دقیقه این کار رو آروم و بدون عجله انجام بدین.

با بدن و نفستون همراه باشین. این ۵ دقیقه رو به خودتون هدیه بدین که بقیهٔ روز رو بهتر سپری کنین. از حستون بعد از این تمرین بنویسین.

ده روز از عادت روز چهل‌وچهارم می‌گذره.

بهتون تبریک می‌گم که تا اینجا جلو اومدین. اگه هم نیمه رهاش کردین، به یاد داشته باشین که سرزنش کمک نمی‌کنه و به‌جای اون خودشفقتی رو به کار بگیرین و از فردا شروع کنین.

عادت بیشتر آدم‌ها اینه که از چیزی که دوست ندارن، فرار می‌کنن. خب شاید الان با خودتون بگین، پس چی؟ قضیه اینه که:

ما باید به‌سمت چیزهایی که دوستشون داریم بدوئیم، نه اینکه از چیزهایی که ازشون بیزاریم، فرار کنیم. شاید الان دوباره فکر کنین که خب فرقش چیه؟ وقتی ما از چیزی فراری هستیم، اول اینکه با ترس زندگی می‌کنیم، دوم اینکه قسمتی از ذهن و مغز، تمرکز و انرژی ما رو به خودش می‌گیره. دائماً مراقبیم که به‌سمتش نریم.

همون قسمت کوچکی از ذهن و انرژی ما که فکر می‌کنیم چیز خاصی نیست، می‌تونه به‌جاش با خلاقیت، ایده‌پردازی و چیزهای مثبت پر بشه.

اول باید برای حس منفی‌ای که ازش فراری هستین جایگزین پیدا کنین. بعد که ذهن آزاد شد، می‌تونین به این فکر کنین که دوست دارین به‌سمت چه هدفی بدوئین.

یک چیزی که ازش فراری هستین رو بنویسین.

فکر می‌کنین چه‌کاری رو می‌تونین جایگزینش کنین؟

مثال:

«من از استرس بیزار و فراری‌ام.»

جایگزین: طناب زدن. «هر موقع حس کردم استرسم بالاست، حدود ۲ تا ۳ دقیقه طناب می‌زنم.»

بعد از پیدا کردنِ جایگزین، اون حس یا عمل رو بنویسین روی کاغذ و به آینهٔ اتاقتون بچسبونین تا به خودتون یادآوری کنین که تصمیم گرفتین وارد مسیری جدید بشین.

عادت روز چهل‌وچهارم چطور پیش می‌ره؟

امروز قراره از درک بدن و حس لامسه استفاده کنیم.

امروز روز بغل کردنه، یا روز گرفتن دست کسی.

امروز یک نفر رو انتخاب کنین، شـاید به شـما نزدیک باشـه شـاید دور، یک نفر که ممکنه باهاش صمیمی باشین یا خیلی نـه، یک نفر که حـس خوبی بهـش دارین یا حتی حـس خوبی بهـش ندارین. فـردی رو انتخاب کنین و بغلش کنین یا دستش رو بگیرین.

از حستون اینجا بنویسین. اینکه به‌سمت فردی قدم بردارین چه حسی داره؟

عادت روز چهل‌وچهارم چطور پیش می‌ره؟

هر ذره که در هوا و در هامونست
نیکو نگرش که همچو ما مجنونست
هر ذره اگر خوش است اگر محزونست
سرگشتهٔ خورشید خوش بی‌چونست

مولانا

چند دقیقه‌ای با این شعر خلوت کنین.

حستون از این شعر چیه و دوست دارین امروز چه حسی رو در خودتون تقویت کنین؟

بعد از خوندن این شعر، نیت شما برای امروز چیه؟ امروز رو با یک نیت برای امروز سپری کنین.

عادت روز چهل‌وچهارم چطور پیش می‌ره؟

امروز می‌خوایم از جملهٔ زیبای کتاب چهار میثاق استفاده کنیم و روزمون رو با این نیت بگذرونیم:
«با کلام خود گناه نکنید.»
قبل از خواب این سطور رو از حس‌ها و اتفاقاتی که بر شما گذشته، پر کنین. تنها موقعی از کلامتون استفاده کنین که می‌خواین عشق، مهربونی، محبت و مهر ایثار کنین.
امروز به یاد داشته باشین که هر کلمه و جمله‌ای به زبان می‌آرین، مثل آینه‌ای درون شما رو به دیگران نشون می‌ده.
از کلامتون جز برای صداقت، شرافت و حقیقت استفاده نکنین.
قبل از هر صحبتی امروز این جمله رو با خودتون تکرار کنین: **«من بر کلام خود آگاهم.»**
آیا در تکرار این مانترا موفق بودین؟ آیا امروز تونستین بر کلام خودتون آگاه باشین و با کلام خودتون گناه نکنین؟

عادت روز چهل‌وچهارم چطور پیش می‌ره؟

امروز روز یادآوری توانمندی و قدرتمندی شماست.

یک موقعیت استرس‌زا رو که در گذشته داشتین به یاد بیارین (کوچک و بزرگ بودن موقعیت مهم نیست) همچنین به یاد بیارین که چطور موقعیت رو به دست گرفتین، کنترل کردین و ازش پیروز بیرون اومدین.

آخرش از خودتون تشکر کنین.

به خودتون آفرین بگین.

این کار به ارزشمندی و اعتمادبه‌نفس شما کمک می‌کنه.

عادت روز چهل‌وچهارم چطور پیش می‌ره؟

روز ۵۸

آیا می‌تونین موقعیتی رو در گذشته به یاد بیارین که با استرس زیادی گذروندین؟ داشتن یا نداشتن استرس در موقعیت و در حاصلِ کار تأثیری داشت؟

(معمولاً جواب «نه» است) چه ما استرس و اضطراب داشته باشیم، چه نداشته باشیم، از یک جایی به بعد موقعیت از کنترل ما خارجه، ولی استرس و فشاری که به بدن، ذهن و روانمون وارد می‌شه بعداً می‌تونه به شکل بیماری‌های فیزیکی در بدن و زندگی‌مون نمود پیدا کنه.

موقعیتی رو که در اون استرس داشتین به یاد بیارین و به‌جای سرزنش، از خودشفقتی استفاده کنین. تصویری از خودتون در اون روزها رو به یاد بیارین، تصور کنین اون خودِ جوون‌تر جلوی شما ایستاده و با شفقت باهاش صحبت کنین. براش بنویسین.

عادت روز چهل‌وچهارم چطور پیش می‌ره؟

امروز و چند روز آینده رو با شکرگزاری سپری خواهیم کرد.
ده‌تا‌تا چیز بنویسین و روی هرکدوم مکث کنین و به این طریق امروز رو با شکرگزاری بگذرونین. عجله نکنین.
به تک‌تک ده کلمه‌ای که نوشتین فکر کنین. عمیق. «شکرگزارم برای ...»

عادت روز چهل‌وچهارم چطور پیش می‌ره؟

شکرگزاری امروز:

چه‌چیزی امروز، این هفته یا امسال باعث خوشحالی من شده؟

یکی از چیزهایی رو که باعث خوشحالی‌تون شده و هنوز هم وقتی بهش فکر می‌کنین خوشحال می‌شین، بنویسین.

از حس‌هایی بنویسین که وقتی به اون چیز فکر می‌کنین در درونتون شکل می‌گیره (قراره کمی خودمون رو با خودمون آشناتر کنیم) و شکرگزار باشین.

عادت روز چهل‌وچهارم چطور پیش می‌ره؟

شکرگزاری امروز:

چه چیزی امروز، این هفته یا امسال باعث شده به خودتون افتخار کنین؟
افتخار همراه با فروتنی به عزت‌نفس شما کمک می‌کنه.

چیزی که موجب افتخار شما شده می‌تونه هر چیز کوچک یا بزرگی باشه.
از حستون بنویسین و شکرگزاری کنین.

عادت روز چهل و چهارم یادتون نره!

درخت آمده از پشت در به دیدن من

که بشنود خبر جان به لب رسیدن من

ولی درخت نداند که من چه جان‌سختم

هزارساله درختم

که هرچه باد خزانی کند پریشانم

ز نو شکوفه دهم باز هم جوانه کنم

و هر جوانهٔ نو را پر از ترانه کنم

ژاله اصفهانی

چند دقیقه‌ای با این شعر خلوت کنین.

حستون از این شعر چیه و دوست دارین امروز چه حسی رو در خودتون تقویت کنین؟

بعد از خوندن این شعر، نیت شما برای امروز چیه؟ امروز رو با یک نیت برای امروز سپری کنین.

عادت روز چهل‌وچهارم یادتون نره!

شکرگزارم که _____ (رو) توی زندگی‌م دارم/ تجربه کرده‌ام.

شکرگزارم که قراره _____ (رو) تجربه کنم.

شکرگزارم که _____ (رو) توی زندگی‌م ندارم/ تجربه نکرده‌ام.

امشب قبل از خواب از تجربهٔ امروز و حس‌هایی که تجربه کردین بنویسین.

عادت روز چهل‌وچهارم یادتون نره!

امروز ۲۱ روز از عادت روز چهل‌وچهارم می‌گذره. شما ۲۱ روز یک عادت جدید رو توی زندگی‌تون آوردین. تبریک می‌گم بهتون.

حستون چیه؟

آیا آماده هستین که این عادت جدید رو ادامه بدین؟

آیا برای اینکه تا اینجا جلو اومدین به خودتون آفرین می‌گین؟

می‌دونستین که اعتمادبه‌نفس از قدم‌های کوچکِ این‌چنینی شکل می‌گیره؟

امروز بابت لذت‌ها شکرگزاری می‌کنیم.

فهرست چیزهایی رو که در زندگی بهتون لذت می‌ده، به زندگی‌تون طعم خوش می‌ده و برای زندگی بهتر مشتاقتون می‌کنه، اینجا بنویسین. و شکرگزار باشین که چنین لذت‌هایی در زندگی دارین.

امروز قراره مانترای «من هستم» رو تکرار کنیم.
به تکرار یک کلمه یا جمله برای رهایی می‌گن «مانترا».
باعث می‌شه که شما از ذهن و افکارتون بیرون بیاین و برگردین به لحظه و حال. به همین سادگی!
چشم‌هاتون رو ببندین، یک دستتون رو بذارین روی شکمتون (برای حس کردن جریان هوا که شکم رو بالا و پایین می‌بره) و دست دیگه رو روی قلبتون.
نفس‌هاتون رو کمی آروم‌تر کنین، ولی همچنان عمیق نگه دارین. شروع کنین زیر لب مانترای:

من هستم،

من هستم،

من هستم

رو تکرار کنین. شاید ذهن از شما بپرسه که «من هستم» چی؟ چرا صفتی پشت «من هستم» نیست؟ این مانترا برای اینه که به ما یادآوری کنه «من هستم هر آنچه که هست». ذهن دوباره شاید این کار رو مسخره کنه، شاید کلافه بشین یا هر حس دیگه‌ای بهتون دست بده. این کار رو حدود ۳ تا ۵ دقیقه ادامه بدین و از حستون اینجا بنویسین.
بهتره روزانه برای آروم کردن ذهن ۳ تا ۵ دقیقه این تمرین و مانترا رو تکرار کنین.

آیا تابه‌حال وجود یک نفر در زندگی شما خیلی مهم و ارزشمند بوده؟ این فرد با انجام چه کارهایی حس ارزشمندی رو به شما داده؟ با گفتن چه‌چیزهایی؟

اول به این سؤالات جواب بدین بعد قسمت دوم رو بخونین.

آیا شفقت و حس خوبی رو که این فرد به زندگی شما آورده، شما به زندگی کس دیگه‌ای داده‌این؟ از اون مهم‌تر، آیا با خودتون و با منِ درونتون با همین مهر و شفقت رفتار می‌کنین؟

امروز می‌خوایم از جملۀ زیبای کتاب چهار میثاق استفاده کنیم و روزمون رو با این نیت بگذرونیم:
«با کلام خود گناه نکنید.»

قبل از خواب این سطور رو از حس‌ها و اتفاقاتی که بر شما گذشته، پر کنین. تنها موقعی از کلامتون استفاده کنین که می‌خواین عشق، مهربونی، محبت و مهر ایثار کنین.

امروز به یاد داشته باشین که هر کلمه و جمله‌ای به زبان می‌آرین، مثل آینه‌ای درون شما رو به دیگران نشون می‌ده.

از کلامتون جز برای صداقت، شرافت و حقیقت استفاده نکنین.

قبل از هر صحبتی امروز این جمله رو با خودتون تکرار کنین: **«من بر کلام خود آگاهم.»**

آیا در تکرار این مانترا موفق بودین؟ آیا امروز تونستین بر کلام خودتون آگاه باشین و با کلام خودتون گناه نکنین؟

سیاه چشم من!
کنون که آن کبوتر سپید زِ بامِ خانه‌ها گریخته
تو که هنوز شرنگِ تیرگی به کامِ چشمِ کودکانه‌ات نریخته
رها کن این خموده خواب را نگه کن آفتاب را...
که تا اگر چو من شدی، کسی که با دو چشمِ باز کور بوده است
و در کنارِ استوا از آفتاب دور بوده است
در آن زمانِ که زور سپیدِ چشمِ باورِ تو را سیاه می‌کند
تو را تباه می‌کند...
اگرچه حق از آنِ زور بوده است
به خاطر آوری که نور بوده است

محمدابراهیم جعفری

چند دقیقه‌ای با این شعر خلوت کنین.
حستون از این شعر چیه و دوست دارین امروز چه حسی رو در خودتون تقویت کنین؟
بعد از خوندن این شعر، نیت شما برای امروز چیه؟ امروز رو با یک نیت برای امروز سپری کنین.

دکتر وِین دایِر می‌گه:

«وقتی می‌رقصیم، هدفمان رسیدن به نقطه‌ای خاص از صحنهٔ رقص نیست، بلکه می‌خواهیم از هر قدمی که بر می‌داریم لذت ببریم.»

در افکار و آینده زندگی کردن مثل اینه که در رقص به‌دنبال رسیدن به نقطهٔ خاصی از صحنهٔ رقص باشیم، درصورتی‌که همه‌جای این مکانی که توش قرار گرفته‌ایم، یک شکله.

پس اگه هدف رو بذاریم «تجربه کردن و لذت بردن»، حسمون به ایدهٔ «هدفمندی» تغییر می‌کنه.

روی کدوم‌یک از هدف‌هاتون می‌تونین این طرز تفکر رو پیاده کنین؟ روی کل زندگی‌تون چطور؟

امروز قراره برقصیم یا از درک بدن استفاده کنیم و بدنمون رو چند دقیقه به حرکت دربیاریم، می‌تونه با آهنگی شاد باشه یا با آهنگی آروم و کلاسیک و در حد حرکت‌های نرم و استفاده از عضلات بدن. مهمه که بدن رو از بی‌حرکتی دربیاریم.

قراره ۵-۴ دقیقه بدن رو به دست موسیقی بسپاریم و رهایی رو تجربه کنیم.

از حستون بنویسین. از اینکه رقص امروز خوشحالتون کرده؟ یادآوری کرده که با بدنتون بیشتر دوستی کنین؟ یا اینکه همهٔ زندگی همینه؟ در همین رهایِی شما با نعمت موسیقی؟

امروز قراره یاد بگیریم به‌جای کلمهٔ «ترس» کلمهٔ «هیجان» رو جایگزین کنیم.

سه هدف، برنامه یا چیزی رو که ازش ترس دارین، بنویسین. ترس از جلو رفتن، ترس از به دست نیاوردن یا هر ترس دیگه‌ای.

مثال:

«من می‌ترسم در درس ریاضی موفق نشم.»

جایگزین: «من هیجان دارم برای کلاس ریاضی، من هیجان دارم که قراره چیز جدیدی یاد بگیرم و برای این چالش جدید هیجان دارم.»

حالا شما امتحان کنین:

سه تبدیل ترس به هیجان مانند مثال بالا بنویسین.

اگه این کار حستون رو به اهداف و اتفاقات اطراف متفاوت می‌کنه، دوست دارین به‌جای کلمهٔ ترس، هیجان رو جایگزین کنین؟

بسته به نوع لنزی که روی دوربینمون می‌ذاریم، عکس‌های متفاوتی می‌گیریم.

اگه لنز چشم‌ماهی بذاریم، تصاویر رو با زاویهٔ عریض و خطوط منحنی می‌بینیم.

اگه لنز تله نصب کنیم، تصاویر رو با زاویهٔ بسته‌تر و فاصله‌دار می‌بینیم.

اگه «چشم‌ها» رو دوربین و «باورمون» رو لنز در نظر بگیریم، متوجه می‌شیم که اگه به اتفاق‌های اطرافمون با لنز دیگه‌ای (باور دیگه‌ای) نگاه کنیم، شکل و رنگ متفاوتی به خودشون می‌گیرن.

چه خاطره‌ای در گذشتهٔ شماست که وقتی بهش فکر می‌کنین، متوجه می‌شین اون‌جوری که در اون زمان تصور می‌کردین، خیلی با اصل و حقیقت همراه نبوده؟ نوع نگاه شما با اون موقع چقدر فرق کرده؟ این روزها چطور؟ اگه به این روزهاتون نگاه کنین، فکر می‌کنین باور بر چه چیزهایی رو باید تغییر بدین؟

امروز قراره خودمون، قضاوت‌هامون و ذهنمون رو غافل‌گیر کنیم.

شخصی رو در نظر بگیرین که حس خوبی بهش ندارین و نمی‌دونین حدس‌هایی که درموردش می‌زنین صحت داره یا نه. اگه به اینترنت دسترسی دارین، یک چیز مثبت براش بفرستین؛ پیام خوشحال‌کننده، عکس زیبا یا هر چیز دیگه‌ای که فکر می‌کنین خوبه. بی‌توقع این کار رو انجام بدین.

ممکن هم هست جوابی دریافت نکنین، مهم نیست. مهم انجام کاریه که فکر نمی‌کردین هیچ‌وقت انجام بدین.

نتیجه رو اینجا ثبت کنین. از حس خودتون بنویسین.

امروز روز یادآوری یک خاطرهٔ خیلی خوب توی زندگی‌تونه.
می‌تونه خاطره‌ای از بچگی باشه یا سورپرایزی از طرف کسی.
خاطره‌ای که هر موقع بهش فکر می‌کنین، لبخند به لبتون می‌آره.
موقع نوشتن، لبخند یادتون نره.

من عشقم را در سالِ بد یافتم

که می‌گوید «مأیوس نباش»؟ ـ

من امیدم را در یأس یافتم

مهتابم را در شب

عشقم را در سالِ بد یافتم

و هنگامی که داشتم خاکستر می‌شدم

گُر گرفتم...

زندگی با من کینه داشت

من به زندگی لبخند زدم،

خاک با من دشمن بود

من بر خاک خفتم،

چرا که زندگی، سیاهی نیست

چرا که خاک، خوب است.

من **بد** بودم، اما **بدی** نبودم

از بدی گریختم

و دنیا مرا نفرین کرد

و سالِ بد در رسید:

سالِ اشکِ **پوری**، سالِ خونِ **مرتضا**

سالِ تاریکی.

و من ستاره‌ام را یافتم، من خوبی را یافتم

به خوبی رسیدم

و شکوفه کردم...

احمد شاملو

چند دقیقه‌ای با این شعر خلوت کنین.

حستون از این شعر چیه و دوست دارین امروز چه حسی رو در خودتون تقویت کنین؟

بعد از خوندن این شعر، نیت شما برای امروز چیه؟ امروز رو با یک نیت برای امروز سپری کنین.

شکرگزارم که _____ (رو) توی زندگی‌م دارم/ تجربه کرده‌ام.

شکرگزارم که قراره _____ (رو) تجربه کنم.

شکرگزارم که _____ (رو) توی زندگی‌م ندارم/ تجربه نکرده‌ام.

امشب قبل از خواب از تجربهٔ امروز و حس‌هایی که تجربه کردین بنویسین.

امروز روز امتحان کردن یک چیز «جدیده».

چیزی که خیلی وقته به انجامش فکر می‌کنین یا چیزی که به‌تازگی به فکرتون زده.

می‌تونه هر چیز ساده یا سختی باشه؛ به آسونیِ مسواک زدن با دست مخالف، پختن غذای جدید، رستوران جدید رفتن یا هر چیز دیگه‌ای.

وقتی ما روزانه کاری ساده ولی جدید رو امتحان می‌کنیم، اولین پیامی که بدن و ذهنمون دریافت می‌کنه اینه که ما توانا هستیم.

این کار باعث می‌شه خلاقیت شما بالا بره و از همه مهم‌تر، به لحظه و زمان حال برگردین. کارهای جدید مستلزم کل حواس و تمرکز شما در لحظه هستن و این یکی از بهترین تمرین‌هاست برای تقویت تمرکز.

چه کار جدیدی رو می‌خواین امتحان کنین؟

امروز روز اشتیاقه؛ روزی که قراره هر کاری، تکرار می‌کنم هر کاری که انجام می‌دیم مشتاقانه باشه. می‌خوایم کاری رو که انجام می‌دین با تمام وجود انجام بدین.

قبل از هرکاری این جمله رو تکرار کنین: «تمام تمرکز من اینجاست و می‌خوام با اشتیاق کار کنم.» حتی اگه اون کار به‌سادگیِ درست کردن صبحانه باشه یا تمیز کردن محیط اطراف، بهترین عملکردی رو که می‌تونین از خودتون ارائه بدین.

یادتون باشه اشتیاق باعث می‌شه ایده‌های کاری جدید و خلاقانه به ذهن شما برسه.

با «فکر کردن» هدف پیدا نمی‌شه.

با «انجام دادنه» که برای خودتون هدفی پیدا می‌کنین.

کارهای ساده رو با اشتیاق انجام بدین تا خلاقیت به شما برگرده.

از حس امروزتون بنویسین. یادتون موند که این جملهٔ تأکیدی رو تکرار کنین؟

مشکلات همیشه هدیه‌ای با خودشون به‌همراه دارن.

سخته، پذیرش این جمله خیلی سخته. وقتی غرق در مشکلات باشیم، به یاد داشتن این جمله کمک می‌کنه رفتارهای متفاوت و انتخاب‌های باتدبیر داشته باشیم. هدیه‌ای که مشکلات برای ما دارن، خِرد و معرفته. وقتی از مشکلات و سختی‌هایی که باهاش درگیریم درسی رو که باید نمی‌گیریم، هوش کیهانی رو مجبور می‌کنیم (ناخودآگاه) دوباره و دوباره اون اتفاق رو ایجاد کنه تا ما درس لازم رو بگیریم و هدیه‌مون رو به دست بیاریم.

هدیه رو نمی‌شه به زور به کسی داد. فرد باید آمادگی پذیرشش رو داشته باشه. شاید امروز وقتش باشه که ۵ دقیقه هم شده، با نیتِ پذیرش با خودتون خلوت کنین تا بار سختی و افکار مزاحم رو کمی از خودتون دور کنین.

۵ دقیقه چشم‌هاتون رو ببندین و این جمله رو تکرار کنین: «می‌بخشم و بخشیده می‌شوم.»

از حستون بعد از این تمرین بنویسین.

امروز روز هنرمند بودنه.
روز خلق کردن.
شما هنر رو در چی می‌بینین؟
توی چه کاری دست به خلق کردن می‌زنین؟
امروز، نیم ساعت هم که شده هنرمند باشین. می‌تونین نقاشی کنین، طراحی کنین، کلاژ درست کنین، شعر بگین، گل یا گیاهی بکارین یا هر کار دیگه‌ای که برای شما حس خوبِ آفرینش رو به وجود می‌آره.
امروز چه چیزی خلق کردین؟ حین انجامش چه حسی داشتین؟ آیا وقتی خلق می‌کردین حضور کامل داشتین؟

اِما سِپلا، فارغ‌التحصیل مرکز تحقیقات و آموزش شفقت و نوع‌دوستی دانشگاه استنفورد و نویسندهٔ کتاب مسیر شاد زیستن، می‌گه انتقاد زیادی از خود، کمکی به پیشرفت شما نمی‌کنه، خودشفقتیه که بهتون کمک می‌کنه. خودشفقتی کمک می‌کنه بدون اینکه خودتون رو سرزنش کنین، موفق بشین. وقتی شکست می‌خورین باید با مهربونی با خودتون صحبت کنین، با جملاتی مثل:

«شکست قسمتی از زندگیه و همهٔ انسان‌ها تجربه‌ش می‌کنن.»

«اینکه من امتحان می‌کنم مهم‌ترین قسمت زندگیه.»

«شکست نقطهٔ مقابل موفقیت نیست، قسمتی از موفقیته.»

بنویس دفعهٔ بعد که یک کاری رو اشتباه انجام دادی به خودت چی می‌گی، با خودت چطوری صحبت می‌کنی؟

زندگی رسم خوشایندی است
زندگی بال و پری دارد با وسعت مرگ.
پرشی دارد اندازهٔ عشق.
زندگی چیزی نیست، که لب طاقچهٔ عادت از یاد من و تو برود.
زندگی جذبهٔ دستی است که می‌چیند.
زندگی نوبر انجیر سیاه در دهان گس تابستان است.
زندگی، بعد درخت است به چشم حشره.
زندگی تجربهٔ شب‌پره در تاریکی است.
زندگی حس غریبی است که یک مرغ مهاجر دارد.
زندگی سوت قطاری است که در خواب پلی می‌پیچد.
زندگی دیدن یک باغچه از شیشهٔ مسدود هواپیماست.
خبر رفتن موشک به فضا.
لمس تنهایی «ماه»، فکر بوییدن گل در کُره‌ای دیگر.

سهراب سپهری

چند دقیقه‌ای با این شعر خلوت کنین.
حستون از این شعر چیه و دوست دارین امروز چه حسی رو در خودتون تقویت کنین؟
بعد از خوندن این شعر، نیت شما برای امروز چیه؟ امروز رو با یک نیت برای امروز سپری کنین.

امروز قراره از درک بدن و حس لامسه استفاده کنیم.

امروز روز بغل کردنه، یا روز گرفتن دست کسی.

امروز یک نفر رو انتخاب کنین، شاید به شما نزدیک باشه شاید دور، یک نفر که ممکنه باهاش صمیمی باشین یا خیلی نه، یک نفر که حس خوبی بهش دارین یا حتی حس خوبی بهش ندارین. فردی رو انتخاب کنین و بغلش کنین یا دستش رو بگیرین.

از حستون اینجا بنویسین. اینکه به‌سمت فردی قدم بردارین چه حسی داره؟

امروز می‌خوایم از جملهٔ زیبای کتاب چهار میثاق استفاده کنیم و روزمون رو با این نیت بگذرونیم:
«با کلام خود گناه نکنید.»

قبل از خواب این سطور رو از حس‌ها و اتفاقاتی که بر شما گذشته، پر کنین. تنها موقعی از کلامتون استفاده کنین که می‌خواین عشق، مهربونی، محبت و مهر ایثار کنین.

امروز به یاد داشته باشین که هر کلمه و جمله‌ای به زبان می‌آرین، مثل آینه‌ای درون شما رو به دیگران نشون می‌ده.

از کلامتون جز برای صداقت، شرافت و حقیقت استفاده نکنین.

قبل از هر صحبتی امروز این جمله رو با خودتون تکرار کنین: **«من بر کلام خود آگاهم.»**

آیا در تکرار این مانترا موفق بودین؟ آیا امروز تونستین بر کلام خودتون آگاه باشین و با کلام خودتون گناه نکنین؟

امروز رو قراره با یک نیت سپری کنیم.

مثل:

«امروز من می‌خوام هر موقع یادم می‌آد، لبخند بزنم.»

یا «امروز من می‌خوام به بزرگی آسمون بیشتر نگاه کنم و شکرگزار عظمت زندگی خودم باشم.»

یا «امروز می‌خوام نذارم چیزی حالم رو خراب کنه.»

نیت شما چیه؟

در پایانِ روز از حستون و تجربهٔ روزتون بنویسین؛ اینکه چقدر یادتون بود که با نیت روزانه‌تون زندگی کنین و تأثیرش چی بود؟

اگه فکر می‌کنین شکست قرار نیست جزئی از زندگی شما باشه، تا حالا تجربه‌ش نکرده‌این و قرار هم نیست تجربه کنین، پس موفقیت هم جزئی از زندگی‌تون نیست.

موفقیت و شکست هر دو باهم به ظهور و تکامل می‌رسند، مثل نور و تاریکی یا شادی و رنج. معنای هرکدوم پشت دیگری پنهان شده. برای درک نور باید تاریکی رو تجربه کرده باشیم. برای حس شادی باید طعم رنج رو چشیده باشیم.

امروز از یکی از شکست‌هاتون بنویسین. شکستی که باعث شد معنای موفقیت رو بهتر بفهمین. و در آخر از این شکست تشکر کنین برای هدیه‌ای که به شما داده: هدیه‌ای به‌نام «تجربه».

امروز قراره یک جملهٔ جایگزین دیگه یاد بگیریم.
به‌جای اینکه بگیم: «چطور ذهنم رو درست کنم؟ چطور رفتارم رو درست کنم؟» یا به اطرافیانمون بگیم که خودشون رو درست کنن، می‌تونیم بگیم: «چطور می‌تونم رشد کنم؟ چطور به رشد بهتر برسم؟» یا به اطرافیانمون بگیم، «چطور می‌تونم در رشد تو دستی برای کمک باشم؟»
چرا بهتره بگیم «رشد کردن»؟ چون وقتی می‌گیم درست کردن، یعنی در سطحی اشتباه و غلط هستیم و می‌خوایم به سطحی درست برسیم، درصورتی‌که هوش، تجربه و یادگیری همه در شکل و فرم خودشون و در هر سطحی که هستن خوب‌ان و از یک جایی به بعد و از یک سنی به بعد، به سطح جدیدی نیاز داریم که ارتقا پیدا کنیم. هسته وقتی کم‌کم جوانه می‌زنه و اون جوانه کم‌کم به ساقه، بعد به گل و برگ‌هایی تبدیل می‌شه، در هیچ‌یک از این سطوح هیچ‌چیز اشتباه نیست. وقتی دانه در شکل دانه‌ست و کم‌کم به گلی تبدیل می‌شه به‌معنی این نیست که غلط بوده و الان باید درست بشه، فقط رشده که شکل می‌گیره. همین نشان‌دهندهٔ تجربه، رشد و یادگیری شماست.
جواب این سؤال برای شما چیه:
امروز چطور می‌تونم رشد کنم؟

در ۳ ماه گذشته چه تغییراتی توی خودتون حس کردین؟ حتی یک تغییر بسیار کوچک هم خوب و مفیده. با کدوم صفحه‌ها و پیام‌ها ارتباط بیشتری برقرار کردین؟ چرا؟ کدوم تمرین‌ها رو بیشتر از یک روز و یک بار انجام دادین؟ کدوم رو دوست دارین در روتین روزانه داشته باشین؟

سـال‌ها طـول کشـید تـا بفهمـم گاهـی بـد نیسـت کنتـرل را از دسـت بدهـم. بفهمـم گاهـی بایـد از فکـر آن جایزه‌هایـی کـه روی طاقچـهٔ رؤیاهایـم چیده‌ام، بیـرون بیایـم. بفهمـم آن مدال‌هایـی کـه قـرار اسـت اطرافیانـم به گردنـم بیندازنـد، همان بهتـر کـه به میـخ کج و کهنه‌ای آویـزان بمانـد تا بـر گردنِ قهرمانـی کـه از رنـجِ خـود و رنجاندنِ دیگران دچار خوف دائمی‌ست.

بفهمم قرار نیست همیشه از همه‌چیز راضی باشم و قرار نیست همیشه همه از من رضایت داشته باشند.

بفهمم آن روزی کـه نمی‌دانم بایـد چـه بکنم و نمی‌توانم تصمیمـی بگیرم، آخریـن روز دنیا نیست. چراکه فرداهایی هم هست برای تصمیم‌های بهتر.

بفهمم گاهـی بهتـر اسـت بـار سنگین زندگی را روی زمین بگذارم، کمری راسـت کنم، عرقی از پیشانی پاک کنم، به شانهٔ خودم بزنم و با خیالی راحت و با صدایی بلند به خودم بگویم:

خدا قوت... فردا روز دیگری‌ست!

نیکی فیروزکوهی

چند دقیقه‌ای با این متن خلوت کنین.

حستون از این متن چیه و دوست دارین امروز چه حسی رو در خودتون تقویت کنین؟

بعد از خوندن این متن، نیت شما برای امروز چیه؟ امروز رو با یک نیت برای امروز سپری کنین.

برای اینکه ترس از آینده و ناآگاهی از اتفاقاتی که قراره بیفته، کمتر بشه، قراره امروز ۵ تا از اتفاق‌هایی رو که در پنج سال اخیر با موفقیت به اتمام رسوندین، در این صفحه ثبت کنیم.

موج زندگی با تمام توان در جریانه. باید به خودمون یادآوری کنیم که ما موج‌سواری بلدیم. همین‌طور که در گذشته کارهای خیلی زیادی رو به ثمر رسونده‌ایم. پس هر چیزی که این موج قراره در آینده به زندگی‌مون بیاره فقط و فقط ما رو موج‌سوار قهارتری می‌کنه.

۵ تا از کارهایی رو که به ثمر رسوندین، هرچقدر کوچک یا بزرگ، اینجا بنویسین:

جیم کوییک، نویسندهٔ کتاب بی‌حدومرزمی‌گه دانش به‌تنهایی قدرت نیست، به کار بردن دانشه که ما رو قدرتمند و توانمند می‌کنه.

چیزی رو که جدیداً یاد گرفتین، ولی هنوز در زندگی به کار نبرده‌این، نام ببرین.

چطور می‌خواین ازش استفاده کنین؟

با به کار بردن این دانش، حدس می‌زنین چه تغییراتی در زندگی شما رخ می‌ده؟ دانش جدیدی به شما اضافه نشده؟ خیلی هم عالی، امروز روز یادگیریه. در فراگیری کنجکاو باشین و همین‌جا ثبتش کنین.

شکرگزارم که ـــــــــــ (رو) توی زندگی‌م دارم/ تجربه کرده‌ام.
شکرگزارم که قراره ـــــــــــ (رو) تجربه کنم.
شکرگزارم که ـــــــــــ (رو) توی زندگی‌م ندارم/ تجربه نکرده‌ام.

امشب قبل از خواب از تجربهٔ امروز و حس‌هایی که تجربه کردین بنویسین.

اگه بدونی فقط «امروز» وقت داری یک یا دو کار ساده رو انجام بدی، اون کارها چی‌ان؟

چیزهایی مثل عشق ورزیدن، بخشیدن، صحبت کردن با فردی که خیلی وقت بوده در نظر داشتین یا رفتن به مکانی که از خیلی وقت پیش در سر داشتین.

امروز روزیه که به خودمون یادآوری می‌کنیم «لحظه» تمام دارایی ماست. بعد از انجام اون یک یا دو کار، حستون رو اینجا ثبت کنین.

یادآوری امروز:

ما هیچ کاری رو نباید برای بهترین بودن و کمال‌گرایی انجام بدیم بلکه باید برای تجربه کردن، رشد و یادگیری تلاش کنیم.

می‌تونین امروز رو با این نیت سپری کنین؟

هر کاری که می‌کنین یادآوری کنین من اینجام که «رشد» کنم. با این کار (هر کاری که در حال انجام دادنش هستین) من در حال یادگیری هستم و فقط این مهمه.

از حسی که این «نیت» بهتون داده بنویسین.

به احتمال زیاد متوجه شده‌این که همهٔ آدم‌ها درجات مختلفی از «خوشحالی» رو تجربه می‌کنن.

فکر می‌کنین ژن و شرایط زندگی در سطح و درجهٔ «خوشحالی» تأثیرگذاره؟

خب بله، ولی تا حدودی.

فکر می‌کنین ۹۰ تا ۹۵ درصد تأثیرگذاره؟ خیر.

فقط ۶۰ درصد خوشحالی انسان‌ها به ژن و شرایط بستگی داره. این یعنی ۴۰ درصدش تحت اختیار و کنترل خودمونه و این عالیه!

قراره یه‌کم روی اون ۴۰ درصد کار کنیم. با تمرکز بر این ۴۰ درصد قراره روی دنیای بیرون از خودمون تأثیر بذاریم.

اولین تصمیم اینه:

«من می‌خوام خوشحال باشم.»

فکر می‌کنین روی چه نقاطی از درونتون باید بیشتر تمرکز کنین؟ تا حالا روی چه نقاط مفیدی تمرکز کرده‌این؟

فکر می‌کنین بهتره بیشتر به چه چیزهایی دقت کنین که کیفیت این ۴۰ درصد رو بهتر کنین؟

موضوع غم‌انگیز در خصوص زندگی،
کوتاه بودن آن نیست
بلکه غم‌انگیز آن است
که ما زندگی را خیلی دیر شروع می‌کنیم!

ناشناس

چند دقیقه‌ای با این متن خلوت کنین.

حستون از این متن چیه و دوست دارین امروز چه حسی رو در خودتون تقویت کنین؟

بعد از خوندن این متن، نیت شما برای امروز چیه؟ امروز رو با یک نیت برای امروز سپری کنین.

امروز قراره برین دنبال چیز جدیدی برای یادگیری.

کار جدید، اطلاعات علمی جدید، چیزی که اصلاً نه ربطی به رشتهٔ کاری شما داره و نه ربطی به زندگی روتین و روزمره‌تون؛ از طریق اینترنت، از هم‌صحبتی با شخصی که در حرفهٔ خاصی فعالیت داره یا هر راه دیگه‌ای که برای شما خوبه.

چند دقیقه با کنجکاوی به اطرافتون نگاه کنین.

کنجکاوی کلید این تمرینه.

هر چیزی که توجه شما رو به خودش جلب کرد، کمی درمورد پس‌زمینه‌ش تحقیق کنین و ببینین چطور اون شیء یا اتفاق به اینجا و به این نقطه رسیده.

کل این تمرین شاید حدود ۲۰ دقیقه وقتتون رو بگیره، ولی نتایج خیلی جالبی ازش می‌گیرین.

امروز می‌خوایم از جملهٔ زیبای کتاب چهار میثاق استفاده کنیم و روزمون رو با این نیت بگذرونیم:
«با کلام خود گناه نکنید.»

قبل از خواب این سطور رو از حس‌ها و اتفاقاتی که بر شما گذشته، پر کنین. تنها موقعی از کلامتون استفاده کنین که می‌خواین عشق، مهربونی، محبت و مهر ایثار کنین.

امروز به یاد داشته باشین که هر کلمه و جمله‌ای به زبان می‌آرین، مثل آینه‌ای درون شما رو به دیگران نشون می‌ده.

از کلامتون جز برای صداقت، شرافت و حقیقت استفاده نکنین.

قبل از هر صحبتی امروز این جمله رو با خودتون تکرار کنین: **«من بر کلام خود آگاهم.»**

آیا در تکرار این مانترا موفق بودین؟ آیا امروز تونستین بر کلام خودتون آگاه باشین و با کلام خودتون گناه نکنین؟

امروز رو قراره با نیت «تشکر کردن» بیشتر بگذرونیم.

چیزی که شاید به زبان آوردنش برای خیلی‌ها سخت باشه.

«ممنونم، متشکرم، سپاسگزارم، مرسی از تو...»

امروز با هرکسی که در ارتباط هستیم، با هرکسی که صحبت می‌کنیم، قراره بیشتر از همیشه ازش تشکر کنیم؛ حتی یک خاطرهٔ خوب یا محبتی رو که بهمون داشته‌ان به یادشون بیاریم و دوباره ازشون تشکر کنیم و تأثیر کلام خودمون و این تشکر رو در چهره‌شون ببینیم.

بعد تجربه‌تون رو در اینجا ثبت کنین.

امروز قراره برقصیم یا از درک بدن استفاده کنیم و بدنمون رو چند دقیقه به حرکت دربیاریم، می‌تونه با آهنگی شاد باشه یا با آهنگی آروم و کلاسیک و در حد حرکت‌های نرم و استفاده از عضلات بدن. مهمه که بدن رو از بی‌حرکتی دربیاریم.

قراره ۵-۴ دقیقه بدن رو به دست موسیقی بسپاریم و رهایی رو تجربه کنیم.

از حستون بنویسین. از اینکه رقص امروز خوشحالتون کرده؟ یادآوری کرده که با بدنتون بیشتر دوستی کنین؟ یا اینکه همهٔ زندگی همینه؟ در همین رهاییِ شما با نعمت موسیقی؟

امروز می‌خوایم تمرین خیلی ساده‌ای انجام بدیم که از ذهنمون و افکارمون خارج بشیم و برگردیم به لحظه.

تمرینی که شاید خیلی‌ها اون رو دست‌کم می‌گیرن، درصورتی‌که همهٔ ما در کودکی تجربه‌ش کرده‌ایم.

می‌خوایم برای حس بینایی چیزی رو انتخاب کنیم که حس خوبی بهمون می‌ده و حدود چند دقیقه باهاش وقت بگذرونیم.

حتی شاید خاطره‌ای رو در ما زنده کنه.

مثال:

بینایی: یک آلبوم قدیمی رو ورق بزنین، برین به طبیعت، توی حیاط دراز بکشین و به آسمون نگاه کنین، یا بنشینین روبه‌روی یک آینه بدون اینکه دنبال ایراد یا مشکلی باشین. سه چهار دقیقه بدون اینکه از خودتون دلگیر باشین، به چشم‌ها، لب‌ها، صورت و بدنتون با شفقت نگاه کنین. ببینین این بدن چطور همراه شما بوده یا هرکار دیگه‌ای که حس بینایی‌تون رو درگیر می‌کنه.

در آخر شکرگزاری کنین که می‌تونین چنین تجربه‌ای رو، شاید کم‌اهمیت، ولی بسیار مهم، داشته باشین.

امروز روزِ مانتراست، قراره مانترای زیر رو یاد بگیریم و تکرار کنیم:

«رها می‌کنم آنچه که باید را.»

شاید ذهن و نیمکرهٔ سمت چپ مغزتون بپرسه: چی؟ چه‌چیزی رو رها می‌کنیم؟ دنبال جواب این سؤال نباشین. همیشه چیزی هست که باید سنگینی‌ش از قفسهٔ سینه‌مون برداشته بشه.

کف زمیـن یـا روی صندلی بنشینین. تکیه ندین و بذارین کمر و ستون فقرات در حالتِ صاف بدن شـما رو نگه دارن. دست‌هاتون رو ببرین پشت بدنتون. توی هم قفلشون کنین، بذارین قفسهٔ سینه‌تون باز بشه. سرتون رو کمی رو به بالا بگیرین و زیر لب شروع کنین این مانترا رو بخونین. بذارین کلمات در وجودتون رسوخ کنن. در طول روز چند بار این کار رو انجام بدین و از تجربه‌تون اینجا بنویسین.

فراموش کن

مسلسل را

مرگ را

و به ماجرای زنبوری بیندیش

که در میانهٔ میدان مین

به جست‌وجوی شاخه گلی‌ست

گروس عبدالملکیان

چند دقیقه‌ای با این شعر خلوت کنین.

حستون از این شعر چیه و دوست دارین امروز چه حسی رو در خودتون تقویت کنین؟

بعد از خوندن این شعر، نیت شما برای امروز چیه؟ امروز رو با یک نیت برای امروز سپری کنین.

دکتـر سـونیا لوبومیرسـکی بـا تحقیقـات درمـورد شـادکامی، ثابـت کـرده نوشـتن درمـورد چیزهایـی کـه به‌خاطرشون شکرگزار هستین، بیشتر از گفتن تأثیر داره.

می‌تونین بابت چیزهای کوچک و بزرگ شکرگزار باشین. این قسمت رو با ۳ چیزی (یا بیشتر) که به‌خاطرش شاکر هستین، به پایان برسونین.

امروز قراره با نیت جدیدی روزتون رو بگذرونین.

سرعت در انجام هر کاری رو بیارین پایین!

این کار شاید شما رو کلافه کنه یا براتون بی‌معنی باشه، ولی قراره خیلی به نیمکرهٔ راست مغزتون، که نیمکرهٔ حال و در لحظه بودنه، کمک کنه. یعنی در واقع قراره به خلاقیت شما کمک کنه.

از کارهای خیلی ساده می‌تونین شروع کنین تا کارهای سخت. معمولاً ما با سرعت خاصی که بهش عادت داریـم ظرف‌ها رو می‌شوریم، حمـام می‌کنیـم، حـرف می‌زنیـم، راه می‌ریم، غـذا درسـت می‌کنیم، یـا هـر چیـز دیگـه. امـا الان بایـد سرعت رو پاییـن بیاریم و به‌جاش لذت و در لحظه بودن رو اضافـه کنیم. صبور باشیـن توی این مسـیر!

از تجربهٔ امروزتون بنویسین.

شکرگزارم که ــــــــــ (رو) توی زندگی‌م دارم/ تجربه کرده‌ام.

شکرگزارم که قراره ــــــــــ (رو) تجربه کنم.

شکرگزارم که ــــــــــ (رو) توی زندگی‌م ندارم/ تجربه نکرده‌ام.

امشب قبل از خواب از تجربهٔ امروز و حس‌هایی که تجربه کردین بنویسین.

پروفسور فردریکسون بر این باوره که ما معمولاً وقتی به امید فکر می‌کنیم که ترس از اتفاقی ناگوار داریم. تصور و ترس ما باعث می‌شه به امید فکر کنیم و از دیگران بخوایم برامون دعا و آرزوهای خوب و امیدوارانه کنن.

چطوره به‌جای اینکه فقط در موقعیت‌هایی که مجبوریم به امید فکر کنیم، هر روز رو با نیت خوب و امید در دل شروع کنیم.

به موقعیتی فکر کنین که قبلاً تجربه کرده‌این و امید داشته‌این به‌خوبی به اتمام برسه و همین‌طور هم شده. آیا امید در دل شما به اون موقعیت، به حس شما در اون زمان کمک کرد؟ فکر می‌کنین رفتارتون وقتی امیدوار هستین یا ناامید، با هم متفاوته؟ یا نه؟

امروز روز اشتیاقه؛ روزی که قراره هر کاری، تکرار می‌کنم هر کاری که انجام می‌دیم مشتاقانه باشه. می‌خوایم کاری رو که انجام می‌دین با تمام وجود انجام بدین.

قبل از هرکاری این جمله رو تکرار کنین: «تمام تمرکز من اینجاست و می‌خوام با اشتیاق کار کنم.» حتی اگه اون کار به‌سادگیِ درست کردن صبحانه باشه یا تمیز کردن محیط اطراف، بهترین عملکردی رو که می‌تونین از خودتون ارائه بدین.

یادتون باشه اشتیاق باعث می‌شه ایده‌های کاری جدید و خلاقانه به ذهن شما برسه.

با «فکر کردن» هدف پیدا نمی‌شه.

با «انجام دادنه» که برای خودتون هدفی پیدا می‌کنین.

کارهای ساده رو با اشتیاق انجام بدین تا خلاقیت به شما برگرده.

از حس امروزتون بنویسین. یادتون موند که این جملهٔ تأکیدی رو تکرار کنین؟

امروز روز هنرمند بودنه.
روز خلق کردن.
شما هنر رو در چی می‌بینین؟
توی چه کاری دست به خلق کردن می‌زنین؟
امروز، نیم ساعت هم که شده هنرمند باشین. می‌تونین نقاشی کنین، طراحی کنین، کلاژ درست کنین، شعر بگین، گل یا گیاهی بکارین یا هر کار دیگه‌ای که برای شما حس خوبِ آفرینش رو به وجود می‌آره.
امروز چه‌چیزی خلق کردین؟ حین انجامش چه حسی داشتین؟ آیا وقتی خلق می‌کردین حضور کامل داشتین؟

دست‌اندازهای جادهٔ زندگی

تو را از تمرکز باز می‌دارد.

این بار تمرکز کن و سپس عبور

همان چاله‌هایی که سبب

مرگ تمرکزت شدند

این بار، تو را خواهند خنداند...

ناشناس

چند دقیقه‌ای با این شعر خلوت کنین.

حستون از این شعر چیه و دوست دارین امروز چه حسی رو در خودتون تقویت کنین؟

بعد از خوندن این شعر، نیت شما برای امروز چیه؟ امروز رو با یک نیت برای امروز سپری کنین.

جلوی آینه بایستین. دست‌هاتون رو به کمرتون بزنین. پاهاتون رو به اندازهٔ عرض شونه‌ها باز کنین. با اقتدار و باور به خود، به چشم‌های خودتون خیره بشین، مستقیم به خودتون نگاه کنین و این جملات رو تکرار کنین:

«تو از اتفاقات و تجربه‌های زیاد و سختی گذشته‌ای، مرسی از ایستادگی‌ت.»

«تو از دیروز و هر روز دیگه قوی‌تری، چون اگه این‌طور نبود، اینجا نبودی.»

«تو مستحق آرامش و صلح درونی هستی و من این رو با اطمینان بهت می‌دم.»

«ممنونم ازت. ممنونم از تمام تجربه‌های تلخ و شیرینت.»

(اگه نیازه، جملات رو بیشتر از یک بار تکرار کنین. چشم از خودتون برندارین و حتی اگه باور ندارین، باز هم این جملات رو تکرار کنین و مهم‌تر از همه، به صدای خودتون گوش بدین.)

بذارین تک‌تک کلمات در جان و روحتون بنشینن.

حس و تجربهٔ خودتون رو بعد از این تمرین اینجا ثبت کنین.

محقق‌ها ثابت کرده‌ان با تصورِ «آیندهٔ دل‌خواه» برای خودتون، هر صبح قبل از شروع روز انگیزهٔ بهتری برای سپری کردن روز خواهین داشت که شما رو مثبت‌اندیش‌تر می‌کنه.

چشم‌هاتون رو ببندین. ۲ دقیقه، ۵ سال آینده رو تصور کنین.

هر چیزی که امروز برای اون تلاش می‌کنین، به نتیجه رسیده و شما رؤیاهاتون رو زندگی می‌کنین.

چند خط از تصوری که داشتین رو بنویسین. اولین قدمی که امروز برای نزدیک‌تر شدن به این تصور برمی‌دارین، چیه؟

امروز قراره از درک بدن و حس لامسه استفاده کنیم.

امروز روز بغل کردنه، یا روز گرفتن دست کسی.

امروز یک نفر رو انتخاب کنین، شاید به شما نزدیک باشه شاید دور، یک نفر که ممکنه باهاش صمیمی باشین یا خیلـی نـه، یک نفر که حس خوبی بهـش دارین یا حتی حـس خوبی بهـش ندارین. فـردی رو انتخاب کنین و بغلش کنین یا دستش رو بگیرین.

از حستون اینجا بنویسین. اینکه به‌سمت فردی قدم بردارین چه حسی داره؟

امروز می‌خوایم از جملهٔ زیبای کتاب چهار میثاق استفاده کنیم و روزمون رو با این نیت بگذرونیم:
«با کلام خود گناه نکنید.»

قبل از خواب این سطور رو از حس‌ها و اتفاقاتی که بر شما گذشته، پر کنین. تنها موقعی از کلامتون استفاده کنین که می‌خواین عشق، مهربونی، محبت و مهر ایثار کنین.

امروز به یاد داشته باشین که هر کلمه و جمله‌ای به زبان می‌آرین، مثل آینه‌ای درون شما رو به دیگران نشون می‌ده.

از کلامتون جز برای صداقت، شرافت و حقیقت استفاده نکنین.

قبل از هر صحبتی امروز این جمله رو با خودتون تکرار کنین: **«من بر کلام خود آگاهم.»**

آیا در تکرار این مانترا موفق بودین؟ آیا امروز تونستین بر کلام خودتون آگاه باشین و با کلام خودتون گناه نکنین؟

امروز می‌خوایم «تسلیم بودن» رو به ذهن، روح و بدنمون یادآوری کنیم.
چیزی که برای بیشتر ما آدم‌ها خیلی سخته.

ما عادت داریم بیشتر مواقع در حالت دفاعی باشیم، چون «منیت» ما، یا همون «ایگو»، همیشه در «ترس» از بقا پیدا نکردنه (ترس از نابودی و از بین رفتن). این باعث می‌شه که بیشتر مواقع هر موقعیت، اتفاق و حتی هر حرفی رو به‌شکل تهدید ببینیم و اکثر مواقع در حالت دفاعی زندگی کنیم. وقتی آگاهانه می‌خوایم تسلیم شدن رو تمرین کنیم (تسلیم شدن نه به‌معنی ضعف؛ بلکه به‌معنی رضا دادن، یکی شدن با جریان و رقص زندگی)، شاید چند دفعهٔ اول ذهن ما پافشاری کنه که این تمرین بیهوده‌ست، یا شاید مسخره به نظر بیاد، چون ذهنمون از بقا پیدا نکردن و از دست دادنِ کنترل می‌ترسه، ولی شما همچنان ادامه بدین و هر بار با گفتن این جمله بیشتر اون رو باور کنین.

یک یا چند نفس عمیق بکشین:

«من تسلیم جریان زیبای زندگی هستم.

همچون نفسم که با جریان زندگی «آزادانه» به بدن من هدایت می‌شه، من هم تسلیم این جریان هستم تا هدایت بشم.»

این جملات رو ۱۰ تا ۱۵ بار با چشم‌های بسته تکرار کنین.

احساس خودتون رو بعد از این تمرین، اینجا به ثبت برسونین.

امـروز روز تمـاس و برقـراری ارتبـاط بـا فردیـه کـه خیلـی وقتـه در سـر داریـن. کسـی کـه خیلـی وقتـه ازش بی‌خبرین. کسی که فکر می‌کنین شاید با یک تماس کوچک و برقراری یک ارتباط، حالش رو بهتر می‌کنین. تماس می‌تونه به‌شکل تلفنی یا پیام باشه. حتی می‌تونه رفتن به آرامگاه کسی باشه که خیلی وقته به مزارش نرفته‌این. شاید هم سر مزار کسی که همیشه دوستش داشتین حضور پیدا کنین.

دلیل انجام این کار، بیرون کشیدن افکار از عمق ناخوآگاهه، روی سطح آوردن این احساسات و افکار، همچنین پاک کردن فکرهای قدیمی و ساختن تجربه و خاطره‌های جدید.

تجربه‌تون رو بعد از انجام این کار اینجا بنویسین.

قشنگ یعنی چه؟

ـ قشنگ یعنی تعبیر عاشقانهٔ اشکال

و عشق، تنها عشق

تو را به گرمی یک سیب می‌کند مأنوس

و عشق، تنها عشق

مرا به وسعت اندوه زندگی‌ها برد،

مرا رساند به امکان یک پرنده شدن.

سهراب سپهری

چند دقیقه‌ای با این شعر خلوت کنین.

حستون از این شعر چیه و دوست دارین امروز چه حسی رو در خودتون تقویت کنین؟

بعد از خوندن این شعر، نیت شما برای امروز چیه؟ امروز رو با یک نیت برای امروز سپری کنین.

پروفسور باربارا فردریکسون، نویسندهٔ کتاب مثبت‌گرایی با تحقیقاتش درمورد خوشحالی ثابت کرده که احساسات مثبت مثل دکمهٔ شروع مجدد/بازآغازی در انسان‌ها عمل می‌کنن.

وقتی احساسات مثبت رو با افراد دیگه تقسیم می‌کنیم، انرژی اون حس در ما چند برابرِ وقتی می‌شه که تنهایی تجربه‌ش می‌کنیم.

با همسر، یکی از دوستان یا با اعضای خانواده‌تون یکی از بهترین تجربه‌هاتون رو قسمت کنین؛ می‌تونه با نوشتن یک پیام بهشون باشه یا به‌صورت حضوری. با این کار شما در خودتون (گوینده) و در اون‌ها (شنونده) سطح مثبت‌اندیشی رو زیادتر می‌کنین.

اون تجربه چیه؟

فرد برایانت، روان‌شناس و نویسندهٔ کتاب مزه کردن می‌گه آدم‌ها عادت دارن که بدترین شکل یک اتفاق رو تصور کنن. حتی مواقعی که در خوشی و آرامش هستن، گاهی به صحنه‌های بد یا بدترین موقعیت‌ها فکر می‌کنن.

باید بدن و ذهن رو تربیت کنیم که با درک و آگاهی، مثبت‌اندیشی رو انتخاب کنه.

یک عکس از طبیعت بیرونِ خونه‌تون بگیرین.

توی عکس دنبال ۳ چیز مثبت بگردین و اون‌ها رو بنویسین.

امروز روز شکرگزاری از بدنه.

۱۰ تا از اعضای بدن (هرکدوم که به ذهنتون می‌آد) رو انتخاب کنین و برای کاری که انجام می‌دن ازشون تشکر کنین.

تک‌تک اون اعضا رو بنویسین و ازشون تشکر کنین و با جملهٔ «سپاسگزارم که زندگی رو برام راحت‌تر می‌کنی» به اتمام برسونین.

مثال:

چشم‌ها: «شاکرم برای چشم‌هام که نعمت دیدن رو به من می‌دن که من تمام زیبایی‌های این خلقت رو ببینم. سپاسگزارم که زندگی رو برام راحت‌تر می‌کنین.»

پروفسور فردریکسون می‌گه با این نیت که در طول روز دنبال چیز مثبتی می‌گردین، روزهاتون رو سپری کنین.
به دور و اطرافتون خوب نگاه کنین و از خودتون بیشتر در روز بپرسین: آیا این چیز مثبتیه که امروز به من هدیه داده شده؟ چند چیز مثبتی رو که در اطرافتون می‌بینین، بنویسین.
اولی می‌تونه سلامت چشم‌هاتون باشه که این متن رو می‌خونه!
حدس می‌زنین امروز چه اتفاقی قراره رخ بده که این سؤال رو از خودتون بپرسین؟

شکرگزارم که ــــــــ (رو) توی زندگی‌م دارم/ تجربه کرده‌ام.

شکرگزارم که قراره ــــــــ (رو) تجربه کنم.

شکرگزارم که ــــــــ (رو) توی زندگی‌م ندارم/ تجربه نکرده‌ام.

امشب قبل از خواب از تجربهٔ امروز و حس‌هایی که تجربه کردین بنویسین.

یکی از حیوانات پایین رو انتخاب کنین:

فیل، شیر، دلفین، سگ، اسب، عقاب

یکی از رنگ‌های پایین رو انتخاب کنین:

سبز، آبی، زرد، قرمز، بنفش، نارنجی

خصوصیات حیوانی که انتخاب کردین، چیه؟ چشم‌هاتون رو ببندین، حس کنین و حدس بزنین.

خصوصیات رنگی که انتخاب کردین، چیه؟ چه حسی داره؟ این رنگ رو بیشتر در چه مکان‌هایی می‌بینین؟

قراره امروز همهٔ این خصوصیاتی رو که نوشتین تمرین کنین.

من چه زود می‌میرم

از شنیدنِ یک لبخند!

آگاه است او

از او که مثلِ من است.

از آلودگی به دور، از تاریکی به دور، از توطئه به دور!

چشم‌ها را یک لحظه ببند

از کلماتِ سادهٔ عجیب و ارزانِ خودمان بخواه!

آرزو کن!

آرزو کن آن اتفاقِ قشنگ رُخ بدهد

رؤیا ببارد

دختران برقصند

قند باشد

بوسه باشد

خدا بخندد به‌خاطرِ ما!

ما که کاری نکرده‌ایم.

سیدعلی صالحی

چند دقیقه‌ای با این شعر خلوت کنین.

حستون از این شعر چیه و دوست دارین امروز چه حسی رو در خودتون تقویت کنین؟

بعد از خوندن این شعر، نیت شما برای امروز چیه؟ امروز رو با یک نیت برای امروز سپری کنین.

دکتر وین دایر معتقده اون چیزی که بهش فکر می‌کنیم، برای ما رخ می‌ده؛ پس اگه خواهان تغییر هستیم، باید ذهنمون رو باز نگه داریم.

فکرها تبدیل می‌شن به انتخاب‌ها.

انتخاب‌ها تبدیل می‌شن به رفتارها.

رفتارها تبدیل می‌شن به تجربه‌ها.

تجربه‌ها یک‌سری احساسات رو در ما ایجاد و برانگیخته می‌کنن که باعث تأثیرگذاری بر افکارمون می‌شن.

چرخه‌ای که در همه وجود داره.

این چرخه‌ایه که ما اون رو «شخصیت» می‌نامیم.

اگه می‌خواین شخصیت شما تغییر کنه به چرخهٔ بالا برگردین، به نظرتون کدوم یک از افکار شما باید تغییر کنه؟

شروع.

کلمهٔ شروع برای هرکس معنایی داره.

شروع از اول روز، از اول هفته، شاید از اول ماه و فصل و سال.

ولی شروع بین همهٔ نفس‌های ما هست.

بین هر دم و بازدم یک مکث، یک بودن، یک هوش و یک دنیا زیستن وجود داره. در هر لحظه به تو شروعی تازه داده می‌شه.

۱ دقیقه چشم‌هاتون رو ببندین.

بدون تغییر ریتم و تعداد نفس‌ها، فقط به جریان تنفستون آگاه بشین. ببینین که فقط در ۱ دقیقه چند شروع تازه بدون اینکه متوجه بشین به شما داده می‌شه.

فکر می‌کنین می‌تونین از این شروع‌ها به عنوان یک یادآوری در روز استفاده کنین؟

معلم ریاضی یکی از سخت‌ترین معادله‌های ریاضی رو روی تخته می‌نویسه و می‌گه: هیچ‌کس در هیچ المپیادی تابه‌حال جواب این معادله رو پیدا نکرده. می‌خوام این هفته فقط به این معادله کمی فکر کنین.

یکی از دانشجوها که دیر به دانشگاه می‌رسه، وارد کلاس خالی از استاد و دانشجو می‌شه و حدس می‌زنه که معادلهٔ نوشته‌شده روی تختهٔ کلاس، تکلیف هفتهٔ آینده‌ست.

هفتهٔ بعد با جواب به کلاس برمی‌گرده.

شنیدن اینکه «هیچ‌کس نمی‌تونه»، «تو نمی‌تونی» یا «من توانا نیستم» یک پیام مخرب به مغز شماست. با همین کلمهٔ خیلی ساده قسمت خلاقیت مغز رو خاموش می‌کنین و ترس رو جایگزینش می‌کنین.

دانشجویی که این جمله رو نشنید: «کسی تا حالا جواب این معادله رو پیدا نکرده»، با فکر اینکه این یک معادلهٔ سادهٔ ریاضی و تکلیف هفتگیه، جواب رو پیدا می‌کنه.

شما چطور؟ آیا وقتش نرسیده که دیگه با «نمی‌تونم»، ترس رو جایگزین خلاقیت نکنین؟ حرفی هست که نیاز باشه به خودتون بزنین؟

امروز می‌خوایم از جملهٔ زیبای کتاب چهار میثاق استفاده کنیم و روزمون رو با این نیت بگذرونیم:
«با کلام خود گناه نکنید.»

قبل از خواب این سطور رو از حس‌ها و اتفاقاتی که بر شما گذشته، پر کنین. تنها موقعی از کلامتون استفاده کنین که می‌خواین عشق، مهربونی، محبت و مهر ایثار کنین.

امروز به یاد داشته باشین که هر کلمه و جمله‌ای به زبان می‌آرین، مثل آینه‌ای درون شما رو به دیگران نشون می‌ده.

از کلامتون جز برای صداقت، شرافت و حقیقت استفاده نکنین.

قبل از هر صحبتی امروز این جمله رو با خودتون تکرار کنین: **«من بر کلام خود آگاهم.»**

آیا در تکرار این مانترا موفق بودین؟ آیا امروز تونستین بر کلام خودتون آگاه باشین و با کلام خودتون گناه نکنین؟

«من انتخاب می‌کنم فراوانی رو.

من انتخاب می‌کنم ریسک رو.

من انتخاب می‌کنم تمرین کردن هرروزه رو.

من انتخاب می‌کنم عادت‌های شکوفاکننده رو.

من انتخاب می‌کنم خودم رو.

همچنان که هوش کیهانی انتخاب کرد همه رو برای من.»

این جملات تأکیدی رو می‌تونین روزانه بلندبلند روبه‌روی آینه تکرار کنین یا می‌تونین توی دفترتون بنویسین.

امروز بعد از تکرار این جملات حستون رو اینجا ثبت کنین.

امروز قراره برقصیم یا از درک بدن استفاده کنیم و بدنمون رو چند دقیقه به حرکت دربیاریم، می‌تونه با آهنگی شاد باشه یا با آهنگی آروم و کلاسیک و در حد حرکت‌های نرم و استفاده از عضلات بدن. مهمه که بدن رو از بی‌حرکتی دربیاریم.

قراره ۵-۴ دقیقه بدن رو به دست موسیقی بسپاریم و رهایی رو تجربه کنیم.

از حستون بنویسین. از اینکه رقص امروز خوشحالتون کرده؟ یادآوری کرده که با بدنتون بیشتر دوستی کنین؟ یا اینکه همهٔ زندگی همینه؟ در همین رهاییِ شما با نعمت موسیقی؟

به هر چیزی که آسیبی کنی، آن چیز جان گیرد

چنان گردد که از عشقش بخیزد صد پریشانی

مولانا

چند دقیقه‌ای با این شعر خلوت کنین.

حستون از این شعر چیه و دوست دارین امروز چه حسی رو در خودتون تقویت کنین؟

بعد از خوندن این شعر، نیت شما برای امروز چیه؟ امروز رو با یک نیت برای امروز سپری کنین.

غذاهای خراب‌شدهٔ یخچال رو «باید» دور بریزیم که جا باز بشه برای غذاها و میوه‌های تازه. حتی اگه هم بخوایم غذاهای کپک‌زده و خراب رو با میوه‌های تازه کنار هم به‌زور جا بدیم، آخرسر غذاهای خراب پیروز می‌شن، چون غذاهای تازه رو هم زودتر خراب می‌کنن.

وقتی ما از قدرت فوق‌العادهٔ «رها کردن» استفاده می‌کنیم، در واقع در وجودمون جا باز می‌کنیم برای چیزی که مستحقش هستیم؛ مثلاً آرامش و صلح. یعنی تا لحظه‌ای که شما به افکار قدیمی چسبیدین و نگهشون داشتین، جای خالی برای چیز بهتر ندارین و حتی اگه تصور می‌کنین جا هست، باز هم افکار مخرب در آخر کار پیروز می‌شن.

رها کردن یکی از ابرقدرت‌های ماست.

از باورها و افکار مخربی که در زندگی باید دور بریزین، بنویسین و بگین قراره چه کاری براشون انجام بدین.

مدیتیشن؟ نوشتن؟ راه رفتن؟ مانترا خوندن؟

در هر کجا که هستی، هوشی به نام «هوش مکان» حضور داره.

گوش کن تا با زمان دوست بشی، یکی بشی.

هر کجا که هستین، قلم و خودکار رو کنار بذارین. چشم‌هاتون رو ببندین و بدون قضاوت به هر صدایی که در اطرافتون هست، گوش کنین. دنبال صدا نگردین. فقط حضور داشته باشین تا صدا خودش به‌سمت شما بیاد. روی هیچ‌کدوم از صداها موندگار نشین. بعد از کمی که گوش دادین، حضور رو پررنگ‌تر کنین، نفس‌های عمیق‌تری بکشین و بذارین اگه صدا یا ندای دیگه‌ای هست به شما برسه. تجربهٔ خودتون رو اینجا یادداشت کنین.

ما توی ذهنمون حرف‌های زیادی به خودمون می‌زنیم، مثل فردا انجام می‌دم، از اول هفته، از روز تولدم یا اول سال شروع می‌کنم؛ درصورتی‌که تصور فردا و فرداها توهمی بیش نیست.

ما هیچ‌وقت به‌جرئت نمی‌تونیم بگیم و ثابت کنیم که فردایی وجود داره. تصور و توهم فرداها در نیمکرهٔ سمت چپ ما (نیمکرهٔ حافظه) شکل می‌گیره. چون حافظه می‌تونه گذشته رو به یاد بیاره، پس می‌تونه تصوری از آینده رو هم به ما بده، ولی تنها دارایی ما همین لحظه و همین امروزه.

وجودِ حافظه به این دلیله که راه رو برای ما هموارتر کنه، نه اینکه کنترل ما رو به دست بگیره. نه اینکه تصویر و توهمی از آینده بهمون بده و ما به‌خاطرش «امروز» رو که تنها دارایی‌مونه، فراموش کنیم.

یک کار کوچک رو در نظر بگیرین؛ کاری که همین امروز هم می‌تونین انجام بدین و حتماً نیاز به اول هفته و اول سال نیست. فکر می‌کنین می‌تونین به خودتون یادآوری کنین که در توهم فرداها زندگی نکنین و امروز رو دریابین؟ با تکرار «این لحظه تمام دارایی من است.» امروز رو سپری کنین و قبل از خواب تجربه‌ی امروزتون رو ثبت کنین.

امروز یک روز شکرگزاری دیگه‌ست.
بابت توانایی‌هایی که دارین سپاسگزاری کنین. از توانایی‌هایی که شما رو الان در این نقطه گذاشته‌ان که این روزنگار رو بخرین و برای خودتون زمان صرف کنین؛ برای ارزشمندی‌تون. سپاسگزاری کنین حتی برای توانایی‌هایی که باورشون ندارین.

شکرگزارم که ______ (رو) توی زندگی‌م دارم/ تجربه کرده‌ام.
شکرگزارم که قراره ______ (رو) تجربه کنم.
شکرگزارم که ______ (رو) توی زندگی‌م ندارم/ تجربه نکرده‌ام.

امشب قبل از خواب از تجربهٔ امروز و حس‌هایی که تجربه کردین بنویسین.

امـروز روز اشـتیاقه؛ روزی کـه قـراره هـر کاری، تکـرار مـی‌کنـم هـر کاری کـه انجـام مـی‌دیم مشـتاقانه باشه. می‌خوایم کاری رو که انجام می‌دین با تمام وجود انجام بدین.

قبل از هرکاری این جمله رو تکرار کنین: «تمام تمرکز من اینجاست و می‌خوام با اشتیاق کار کنم.» حتی اگه اون کار به‌سادگیِ درست کردن صبحانه باشه یا تمیز کردن محیط اطراف، بهترین عملکردی رو که می‌تونین از خودتون ارائه بدین.

یادتون باشه اشتیاق باعث می‌شه ایده‌های کاری جدید و خلاقانه به ذهن شما برسه.

با «فکر کردن» هدف پیدا نمی‌شه.

با «انجام دادنه» که برای خودتون هدفی پیدا می‌کنین.

کارهای ساده رو با اشتیاق انجام بدین تا خلاقیت به شما برگرده.

از حس امروزتون بنویسین. یادتون موند که این جملهٔ تأکیدی رو تکرار کنین؟

به آفتاب سلامی دوباره خواهم داد

به جویبار که در من جاری بود

به ابرها که فکرهای طویلم بودند

به رشد دردناک سپیدارهای باغ که با من

از فصل‌های خشک گذر می‌کردند

به دسته‌های کلاغان

که عطر مزرعه‌های شبانه را

برای من به هدیه می‌آوردند

به مادرم که در آیینه زندگی می‌کرد

و شکل پیریِ من بود

و به زمین، که شهوت تکرار من، درون ملتهبش را

از تخمه‌های سبز می انباشت - سلامی دوباره خواهم داد

فروغ فرخزاد

چند دقیقه‌ای با این شعر خلوت کنین.

حستون از این شعر چیه و دوست دارین امروز چه حسی رو در خودتون تقویت کنین؟

بعد از خوندن این شعر، نیت شما برای امروز چیه؟ امروز رو با یک نیت برای امروز سپری کنین.

چشـم‌هاتون رو ببندیـن و بـه درخت موردعلاقه‌تـون فکـر کنیـن (درخـت موردعلاقـۀ مـن درخـت انـاره). می‌تونه هر نوع درختی باشه.

ریشه‌هاش رو تصور کنین که محکم توی خاک‌ان.

استواری تنۀ درخت رو تصور کنین.

تک‌تک برگ‌های زیبا رو در اندازه‌ای که باید باشن تصور کنین، هرکدوم به‌شکل خودشون. اگه میوه یا گلی داره، اون‌ها رو هم تصور کنین. ببینین چقدر ماهرانه روی درخت پخش شده‌ان.

درخت موقع سرما همچنان استواره تا فصل بهار برگرده.

هیچ کجای این درخت رو ما بد نمی‌دونیم و بد نمی‌بینیم. اگه برگ‌هاش در فصل پاییز بریزه، برامون قابل‌درکه و هیچ برچسبی بهش نمی‌زنیم.

۳-۲ دقیقه وقت بذارین و تصور کنین، سپس جملات بعدی رو بخونین. عجله نکنین.

این درخت شما هستین. هرگاه در پذیرشِ آفرینشی به این زیبایی (خودتون) شک کردین، این درخت رو تصور کنین.

دیدین که هیچ‌چیز این درخت رو بد نمی‌دونین. همین‌طور که این درخت رو تصور کردین، خودتون رو هم باید باشکوه تصور کنین. شما باید طرف‌دار اول خودتون باشین تا همین انرژی رو هم به بقیه منتقل کنین.

چه درختی رو تصور کردین؟ از حستون بنویسین.

امروز روز هنرمند بودنه.

روز خلق کردن.

شما هنر رو در چی می‌بینین؟

توی چه کاری دست به خلق کردن می‌زنین؟

امروز، نیم ساعت هم که شده هنرمند باشین. می‌تونین نقاشی کنین، طراحی کنین، کلاژ درست کنین، شعر بگین، گل یا گیاهی بکارین یا هر کار دیگه‌ای که برای شما حس خوبِ آفرینش رو به وجود می‌آره.

امروز چه‌چیزی خلق کردین؟ حین انجامش چه حسی داشتین؟ آیا وقتی خلق می‌کردین حضور کامل داشتین؟

هر نوع «همکاری» در صورتی به بهترین حالت شکل می‌گیره که صحبت و برخوردمون با آرامش و لطافت باشه؛ چون «همدلی» کلید یک رابطهٔ خوبه.

وقتی می‌خوایم کودکی رو با خودمون همراه کنیم، با مهربانی و لطافت برخورد می‌کنیم تا به چیزی که می‌خوایم برسیم.

وقتی می‌خوایم از رئیسمون چیزی رو درخواست کنیم، با آرامش و ادب صحبت می‌کنیم تا چیزی که می‌خوایم بهمون داده بشه.

وقتی می‌خوایم عشق درونمون رو به فردی نشون بدیم، آروم و با مهر برخورد می‌کنیم تا ارتباطی که می‌خوایم شکل بگیره.

حالا بگین با خودتون چطوری هستین؟ با آرامش با خودتون صحبت می‌کنین یا با سرزنش؟ آیا بیشتر در فکر گذشته هستین و ناراحت از خودتون یا با مهر و شفقت با درونتون برخورد می‌کنین؟

می‌خواین تغییر کنین؟ می‌خواین بدن و ذهنتون باهاتون همکاری کنه و همراهتون باشه؟

پس همدلی کنین با خودتون.

چیزی هست که باید به خودتون بگین؟

«من نگهدارِ تمامی **فراوانی**‌ای هستم که من و زندگی‌م رو احاطه کرده.»
تابه‌حال افرادی رو دیده‌این که رابطهٔ خوبی دارن، ولی نمی‌تونن اون رابطه رو نگه دارن و با بحث‌های بی‌دلیل خرابش می‌کنن؟ یا کسانی که از طریق یک معامله یا اتفاق پول خوبی به دست می‌آرن، ولی در عرض یک یا دو سال اون پول رو نابود می‌کنن و از دستش می‌دن؟ مادر و پدرهایی رو دیده‌این که فرزندان سالم و خوب دارن، ولی متوجه نیستن با تنبیه‌های بد و رفتارهای اشتباه افراد خانواده رو از هم بیزار می‌کنن؟
این مانترا برای تمام خوبی‌هاییه که در اطراف ماست و ما متوجهشون نیستیم.
این مانترای امروز شماست. مانترایی که شاید بیشتر در زندگی باید تکرار کنین. جمله‌ای که شما رو به اصل و منبع درونتون وصل می‌کنه. شما رو شکرگزار می‌کنه. از افکار بیرون می‌کشه و انرژی درون شما رو با فراوانی جهان هم‌سطح می‌کنه.
امشب قبل از خواب از تجربه‌ی تکرار این مانترا بنویسین.

امروز قراره از درک بدن و حس لامسه استفاده کنیم.

امروز روز بغل کردنه، یا روز گرفتن دست کسی.

امروز یک نفر رو انتخاب کنین، شاید به شما نزدیک باشه شاید دور، یک نفر که ممکنه باهاش صمیمی باشین یا خیلی نه، یک نفر که حس خوبی بهش دارین یا حتی حس خوبی بهش ندارین. فردی رو انتخاب کنین و بغلش کنین یا دستش رو بگیرین.

از حستون اینجا بنویسین. اینکه به‌سمت فردی قدم بردارین چه حسی داره؟

امروز می‌خوایم از جملهٔ زیبای کتاب چهار میثاق استفاده کنیم و روزمون رو با این نیت بگذرونیم:
«با کلام خود گناه نکنید.»

قبل از خواب این سطور رو از حس‌ها و اتفاقاتی که بر شما گذشته، پر کنین. تنها موقعی از کلامتون
استفاده کنین که می‌خواین عشق، مهربونی، محبت و مهر ایثار کنین.

امروز به یاد داشته باشین که هر کلمه و جمله‌ای به زبان می‌آرین، مثل آینه‌ای درون شما رو به دیگران
نشون می‌ده.

از کلامتون جز برای صداقت، شرافت و حقیقت استفاده نکنین.

قبل از هر صحبتی امروز این جمله رو با خودتون تکرار کنین: **«من بر کلام خود آگاهم.»**

آیا در تکرار این مانترا موفق بودین؟ آیا امروز تونستین بر کلام خودتون آگاه باشین و با کلام خودتون
گناه نکنین؟

روزی ما دوباره کبوترهایمان را پیدا خواهیم کرد

و مهربانی دست زیبایی را خواهد گرفت.

روزی که کمترین سرود

بوسه است

و هر انسان

برای هر انسان

برادری است.

روزی که دیگر درهای خانه‌شان را نمی‌بندند

قفل

افسانه‌ای‌ست

و قلب

برای زندگی بس است.

روزی که معنای هر سخن دوست داشتن است

تا تو به‌خاطر آخرین حرف دنبال سخن نگردی.

روزی که آهنگ هر حرف

زندگی‌ست

تا من به‌خاطر آخرین شعر، رنجِ جست‌وجوی قافیه

نبرم.

روزی که هر لب ترانه‌ای‌ست

تا کمترین سرود، بوسه باشد.

روزی که تو بیایی

و مهربانی با زیبایی یکسان شود.

روزی که ما دوباره برای کبوترهایمان دانه بریزیم...

من آن روز را انتظار می‌کشم

حتی روزی

که دیگر

نباشم.

احمد شاملو

چند دقیقه‌ای با این شعر خلوت کنین.

حستون از این شعر چیه و دوست دارین امروز چه حسی رو در خودتون تقویت کنین؟

بعد از خوندن این شعر، نیت شما برای امروز چیه؟ امروز رو با یک نیت برای امروز سپری کنین.

هفتهٔ ۲۲ | روز ۱ | تاریـخ: ....

این صفحه رو با هر کلمه‌ای که به ذهنتون می‌آد، پر کنین. بدون فکر کردن شروع کنین. هر کلمه‌ای رو که اول به ذهنتون می‌آد بدون سانسور بنویسین؛ از هر چیز ساده و کوچک تا هر چیز بزرگ و مهم.

من دوست دارم:

امروز قرار روزهٔ سکوت بگیریم. اگه براتون مقدور نیست که تا شب این کار رو انجام بدین، چند ساعت از روز به‌انتخاب خودتون این کار رو انجام بدین، ولی بهتره که از اول روز که از خواب بلند می‌شین و تا موقعی که می‌خوابین این روزه رو امتحان کنین.

در سکوت، زبانِ جریان و رقص زندگی رو یاد می‌گیریم.

از تجربه‌ای که داشتین اینجا بنویسین.

در سکون، آگاهی و خداوند با ما صحبت می‌کنن.

سکون چیزیه که در این دنیای شلوغ و پرهرج‌ومرج، کمتر بهش اهمیت می‌دیم.

امروز نقطه‌ای رو انتخاب کنین که بتونین مدتی توش مستقر بشین. مثل حیاط یا پشت‌بام، حتی می‌تونین برین به طبیعت یا کوه‌نوردی و مدتی خودتون رو در سکون قرار بدین.

بذارین مثل خالق، فقط نظاره‌گر باشین و بس؛ بدون توقع، بدون قضاوت. امروز بدنتون رو با سکون بیشتر آشنا کنین.

اگه فکری وارد سرتون شد، بهش گوش ندین و به یاد داشته باشین که این ساعت فقط و فقط ساعت نظاره‌گر بودنه و بس.

از تجربه‌ای که داشتین اینجا بنویسین.

همهٔ ما یک خودِ سرزنشگر در درونمون داریم.

خودی که فکر می‌کنه با سرزنش کردن، ما اشتباهات قبلی رو تکرار نمی‌کنیم و این دفعه با سرزنش درس می‌گیریم، ولی این‌طور نیست. با سرزنش، بدون اینکه متوجه باشیم، به توانایی‌ها و باورهای خودمون ضربه می‌زنیم. با سرزنش انرژی‌مون پایین نگه داشته می‌شه. سرزنش شروع کشتن اشتیاق در انسانه.

به خاطره‌ای فکر کنین که طوری که می‌خواستین به پایان نرسیده.

با اشتیاق بنویسین که چطوری تجربهٔ خوبی بهتون داد و درسی که گرفتین چی بود.

امروز می‌خوایم تمرین کنیم به‌جای اینکه بگیم:

«من عاشق هستم، زندگی من پر از نعمت است،

زندگی با من رحیم و بخشنده است.»

بگیم:

«من خود عشق هستم.»

«من خود نعمت هستم.»

«من خود رحمت هستم.»

«من خود برکت هستم.»

«من خود...»

کلمهٔ «من» رو اصلاً دست‌کم نگیرین.

گفتن «من» به‌نشانهٔ صحبت کردن در مقابل آینهٔ جهانه؛ هرچی بعد از کلمهٔ «من» می‌آد، انعکاسی از دریافت شما از آینهٔ زندگیه.

امروز این جملات رو تکرار کنین، مخصوصاً موقعی که به خودتون در کاری شک کردین.

قبل از خواب از تجربه‌ی تکرار این عبارت‌ها بنویسین.

امروز روزِ عشق ورزیدنِ بی‌منت و بی‌چشمداشته.

وقتی بی‌منت و بی‌چشمداشت عشقی به دنیا می‌دیم، انرژی رهایی از خودمون خارج می‌کنیم که توی جای دیگه‌ای از زندگی این رها بودن به‌سمتمون برمی‌گرده.

امروز کاری رو انجام بدین که محبت قلبی شما رو نشون می‌ده (این کار برای هرکسی می‌تونه باشه.)

با نیت:

بی‌منت و بی‌چشمداشت.

از تجربه‌تون بنویسین.

مَتی می‌گفت: داشتن عیب مهم نیست، حتی اگر به رفع آن هم نکوشند. اما پوشاندن عیب بد است. کسی که نتواند خودش را آن‌طور که هست نشان دهد، به خود ضرر زده. اما کسی که خود را آن‌طور که نیست نشان می‌دهد به دیگران صدمه می‌زند. چطور می‌تواند کسی در کنار تو به جنگ رود که عیب‌های تو را نمی‌داند. تلاش تو برای تظاهر به آنچه نیستی نیروی رزمت را تلف می‌کند.

برتولت برشت

چند دقیقه‌ای با این متن خلوت کنین.

حستون از این متن چیه و دوست دارین امروز چه حسی رو در خودتون تقویت کنین؟

بعد از خوندن این متن، نیت شما برای امروز چیه؟ امروز رو با یک نیت برای امروز سپری کنین.

شکرگزارم که ــــــــــ (رو) توی زندگی‌م دارم/ تجربه کرده‌ام.

شکرگزارم که قراره ــــــــــ (رو) تجربه کنم.

شکرگزارم که ــــــــــ (رو) توی زندگی‌م ندارم/ تجربه نکرده‌ام.

امشب قبل از خواب از تجربهٔ امروز و حس‌هایی که تجربه کردین بنویسین.

وقتی فرصت درِ خونه‌ت رو می‌زنه، با آغوشی باز و قلبی گشوده میزبانش باش.

وقتی توی موقعیتی جدید قرار می‌گیریم و نیازه که از حباب امن خودمون بیرون بزنیم، زندگی کمی به کاممون تلخ می‌شه.

ولی چیزی که متوجهش نیستیم اینه که دنیا داره دودستی هدیه‌ای به ما می‌ده به‌نام فرصت رشد کردن، فرصت تغییر، فرصت بزرگ شدن و بلوغ، فرصت درک بهتر.

برای درکِ این فرصت‌ها چه تغییری در روتین روزانهٔ زندگی‌تون نیازه؟ چه کارها و تمرین‌هایی برای رشد بهتر و درک بیشتر انجام می‌دین؟

وقتی گرسنه‌ایم اولین قاشق غذا خیلی خوشمزه و عالیه. کافی و کامل در شکل و فرم خودش، ولی معنی‌ش این نیست که دیگه نمی‌خوایم لقمهٔ بعد رو بخوریم یا دیگه سیر شدیم.

لذت بردن در جایگاهی که هستین و تلاش برای بیشتر و بهتر بودن هم به همین شکله.

مـا هیچ‌وقت بـا خودمـون نمی‌گیم وقتـی تمـام غـذا رو خـوردم و احسـاس سیری کـردم، اون موقع لذت می‌برم، نه! ما از تک‌تک لقمه‌های غذا لذت می‌بریم و جلو می‌ریم.

اگه از جایگاهی که دارین لذت نمی‌برین، در جایگاه‌های دیگه هم لذت نخواهین برد چون بدن و ذهنتون یاد نگرفته و بلد نیست. اگه لذت‌های کوچک رو بلد نیستین، لذت‌های بزرگ رو یک‌دفعه یاد نمی‌گیرین.

اگه این مثال رو در ذهن داشته باشین، متوجه می‌شین لذتی که دنبالش هستین، همین‌جاست و ترس از آینده باعث شده که ما این رو از یاد ببریم. از هر روز لذت ببرین که بتونین برای روز بعد تلاش کنین.

این مثال رو می‌تونین توی زندگی به کار ببرین؟ توی چه مواردی؟ آیا به بقیه هم یادآوری‌ش می‌کنین؟

«من از منبعی نامحدود زاده شده‌ام و با یکی شدن با همان منبع، تجربه‌های نامحدود خلق می‌کنم.»
این مانترای امروز شماست. مانترایی که شاید بیشتر در زندگی باید تکرار کنین. جمله‌ای که شما رو به
اصل و منبع درونتون وصل می‌کنه. شما رو شکرگزار می‌کنه. از افکار بیرون می‌کشه و انرژی درون شما رو
با فراوانی جهان هم‌سطح می‌کنه.
امشب قبل از خواب تجربه‌ی خودتون رو از این مانترا ثبت کنین.

امروز قراره برین دنبال چیز جدیدی برای یادگیری.

کار جدید، اطلاعات علمی جدید، چیزی که اصلاً نه ربطی به رشتهٔ کاری شما داره و نه ربطی به زندگی روتین و روزمره‌تون؛ از طریق اینترنت، از هم‌صحبتی با شخصی که در حرفهٔ خاصی فعالیت داره یا هر راه دیگه‌ای که برای شما خوبه.

چند دقیقه با کنجکاوی به اطرافتون نگاه کنین.

کنجکاوی کلید این تمرینه.

هر چیزی که توجه شما رو به خودش جلب کرد، کمی درمورد پس‌زمینه‌ش تحقیق کنین و ببینین چطور اون شیء یا اتفاق به اینجا و به این نقطه رسیده.

کل این تمرین شاید حدود ۲۰ دقیقه وقتتون رو بگیره، ولی نتایج خیلی جالبی ازش می‌گیرین.

امروز می‌خوایم از جملۀ زیبای کتاب چهار میثاق استفاده کنیم و روزمون رو با این نیت بگذرونیم: «با کلام خود گناه نکنید.»

قبل از خواب این سطور رو از حس‌ها و اتفاقاتی که بر شما گذشته، پر کنین. تنها موقعی از کلامتون استفاده کنین که می‌خواین عشق، مهربونی، محبت و مهر ایثار کنین.

امروز به یاد داشته باشین که هر کلمه و جمله‌ای به زبان می‌آرین، مثل آینه‌ای درون شما رو به دیگران نشون می‌ده.

از کلامتون جز برای صداقت، شرافت و حقیقت استفاده نکنین.

قبل از هر صحبتی امروز این جمله رو با خودتون تکرار کنین: **«من بر کلام خود آگاهم.»**

آیا در تکرار این مانترا موفق بودین؟ آیا امروز تونستین بر کلام خودتون آگاه باشین و با کلام خودتون گناه نکنین؟

عقل کجا پی بَرَد شیوهٔ سودای عشق؟!
باز نیابی به عقل سِرّ معمای عشق

عطار

چند دقیقه‌ای با این شعر خلوت کنین.

حستون از این شعر چیه و دوست دارین امروز چه حسی رو در خودتون تقویت کنین؟

بعد از خوندن این شعر، نیت شما برای امروز چیه؟ امروز رو با یک نیت برای امروز سپری کنین.

امروز قراره برقصیم یا از درک بدن استفاده کنیم و بدنمون رو چند دقیقه به حرکت دربیاریم، می‌تونه با آهنگی شاد باشه یا با آهنگی آروم و کلاسیک و در حد حرکت‌های نرم و استفاده از عضلات بدن. مهمه که بدن رو از بی‌حرکتی دربیاریم.

قراره ۵-۴ دقیقه بدن رو به دست موسیقی بسپاریم و رهایی رو تجربه کنیم.

از حستون بنویسین. از اینکه رقص امروز خوشحالتون کرده؟ یادآوری کرده که با بدنتون بیشتر دوستی کنین؟ یا اینکه همهٔ زندگی همینه؟ در همین رهاییِ شما با نعمت موسیقی؟

غیرقابل‌تعویض.

چندتا رفیق، دوست، یار یا افرادی توی زندگی دارین که کسی نمی‌تونه جاشون رو بگیره؟ چه خصوصیاتی دارن که شما رو عاشق همراهی با خودشون کرده‌ان؟ آیا اون خصوصیات رو شما هم دارین؟

فکر می‌کنین چه رفتارها، باورها و خصوصیاتی می‌تونین داشته باشین که شما رو غیرقابل‌تعویض کنه؟ امروز می‌تونین فقط یکی از اون خصوصیات رو تمرین کنین؟

«یا راهی پیدا می‌کنم یا راهی می‌سازم.»

خیلی از مواقع دنبال کردن یک الگوی تکراری، جوابی که می‌خوایم رو بهمون نمی‌ده. برای تغییر باید در چرخهٔ رابطه، کار و زندگی روزمره یک بُرِش زده بشه.

شما می‌تونین امروز رو با فکر درمورد این جمله بگذرونین:

«یا راهی پیدا می‌کنم یا راهی می‌سازم.»

ببینین ایدهٔ جدیدی در ذهن شما جرقه می‌زنه؟

یا اینکه باعث می‌شه راه دیگه‌ای رو برای شرایطی که توش هستین انتخاب کنین؟ یا باعث می‌شه با کسانی که فکر می‌کنین بتونن کمکتون کنن، تماس بگیرین؟

حستون نسبت به این جمله و امروز رو اینجا بنویسین.

وقتی کسی به ما اعتماد می‌کنه و چیزی رو امانت به ما می‌ده، ما چه برخوردی داریم؟ سعی می‌کنیم امانت‌دار و نگهدار خوبی باشیم.

از اعتماد اون فرد سوءاستفاده نکنیم.

بهترین عملکرد خودمون رو ارائه بدیم.

حالا اگه من به شما بگم که این بدن، جان و زندگی به شما امانت داده شده و بپرسم شما چطور با خودتون، بدنتون و زندگی برخورد کرده‌این، جواب چیه؟ امانت‌دار خوبی هستین؟ چطور از خودتون نگهداری کرده‌این؟ آیا از اعتمادی که به شما شده درست استفاده می‌کنین؟

فکر می‌کنین چیزی هست که باید با شفقت به خودتون بگین؟

امروز قراره با این جمله برین بهسمت هر اتفاق خوب و بدی که رخ داد:
«بله، من آمادهام برای این چالش.»
تجربهٔ امروز رو اینجا ثبت کنین.

در هر حالتی که هستین کمر و سرتون رو صاف کنین. با حس و نیتِ «اقتدار».

امروز اقتدار رو تمرین می‌کنیم.

تمرینی بسیار ساده، ولی مهم.

با این کار منی که در درونمون ترس و شک داره رو کمتر همراهی می‌کنیم.

امروز هر زمان که یادتون اومد، کمر و سرتون رو به‌نشانهٔ اقتدار صاف کنین و بالا بگیرین.

امروز حستون چطور بود؟

بیرون ز تو نیست هرچه در عالم هست

در خود بطلب هر آنچه خواهی که تویی

مولانا

چند دقیقه‌ای با این شعر خلوت کنین.

حستون از این شعر چیه و دوست دارین امروز چه حسی رو در خودتون تقویت کنین؟

بعد از خوندن این شعر، نیت شما برای امروز چیه؟ امروز رو با یک نیت برای امروز سپری کنین.

شکرگزارم که ــــــــ (رو) توی زندگی‌م دارم/ تجربه کرده‌ام.

شکرگزارم که قراره ــــــــ (رو) تجربه کنم.

شکرگزارم که ــــــــ (رو) توی زندگی‌م ندارم/ تجربه نکرده‌ام.

امشب قبل از خواب از تجربهٔ امروز و حس‌هایی که تجربه کردین بنویسین.

امروز روز اشتیاقه؛ روزی که قراره هر کاری، تکرار می‌کنم هر کاری که انجام می‌دیم مشتاقانه باشه. می‌خوایم کاری رو که انجام می‌دین با تمام وجود انجام بدین.

قبل از هرکاری این جمله رو تکرار کنین: «تمام تمرکز من اینجاست و می‌خوام با اشتیاق کار کنم.» حتی اگه اون کار به‌سادگیِ درست کردن صبحانه باشه یا تمیز کردن محیط اطراف، بهترین عملکردی رو که می‌تونین از خودتون ارائه بدین.

یادتون باشه اشتیاق باعث می‌شه ایده‌های کاری جدید و خلاقانه به ذهن شما برسه.

با «فکر کردن» هدف پیدا نمی‌شه.

با «انجام دادنه» که برای خودتون هدفی پیدا می‌کنین.

کارهای ساده رو با اشتیاق انجام بدین تا خلاقیت به شما برگرده.

از حس امروزتون بنویسین. یادتون موند که این جملهٔ تأکیدی رو تکرار کنین؟

امروز یک روز شکرگزاری دیگه‌ست.

امـروز باوجـود تمـام مشـکلاتی کـه خانـواده بـرای مـا ایجـاد کـرده‌ان، یـا تمـام ضربه‌هایـی کـه در بچگـی از خانواده‌مون خورده‌ایم، می‌خوایم ۳ تا چیز رو که باعث می‌شه شکرگزار خانواده باشیم، بنویسیم.

امروز روز هنرمند بودنه.

روز خلق کردن.

شما هنر رو در چی می‌بینین؟

توی چه کاری دست به خلق کردن می‌زنین؟

امروز، نیم ساعت هم که شده هنرمند باشین. می‌تونین نقاشی کنین، طراحی کنین، کلاژ درست کنین، شعر بگین، گل یا گیاهی بکارین یا هر کار دیگه‌ای که برای شما حس خوبِ آفرینش رو به وجود می‌آره.

امروز چه چیزی خلق کردین؟ حین انجامش چه حسی داشتین؟ آیا وقتی خلق می‌کردین حضور کامل داشتین؟

وقتی می‌خوایم ماهیچه‌های بدنمون رو تقویت کنیم از وزنه‌های کوچک شروع می‌کنیم تا کم‌کم، طی مدت‌زمان مشخص، به وزنه‌های سنگین‌تر و بزرگ‌تر برسیم.

قدم‌های کوچک در واقع در هر شرایطی مهم‌ترین قدم‌ها هستن. درعین‌حال بهمون ضربه نمی‌زنن و انرژی‌مون رو یک‌باره تخلیه نمی‌کنن.

قدمی رو که قراره امروز برای هدفتون بردارین، بنویسین؟ تأثیر این قدم چیه؟ دوامش توی زندگی چقدر مهمه؟ اگه هدفی توی ذهن ندارین، با شوق به‌سمت هرکاری که دوست دارین قدم بردارین. می‌تونین امروز رو با این هدف سپری کنین؟

حس امروزتون رو اینجا ثبت کنین.

امروز قراره از درک بدن و حس لامسه استفاده کنیم.

امروز روز بغل کردنه، یا روز گرفتن دست کسی.

امروز یک نفر رو انتخاب کنین، شاید به شما نزدیک باشه شاید دور، یک نفر که ممکنه باهاش صمیمی باشین یا خیلی نه، یک نفر که حس خوبی بهش دارین یا حتی حس خوبی بهش ندارین. فردی رو انتخاب کنین و بغلش کنین یا دستش رو بگیرین.

از حستون اینجا بنویسین. اینکه به‌سمت فردی قدم بردارین چه حسی داره؟

من چه سبزم امروز

و چه اندازه تنم هشیار است!

نکند اندوهی، سر رسد از پس کوه.

چه‌کسی پشت درختان است؟

هیچ، می‌چرخد گاوی در کرد.

ظهر تابستان است.

سایه‌ها می‌دانند، که چه تابستانی است.

سایه‌هایی بی‌لک،

گوشه‌ای روشن و پاک،

کودکان احساس! جای بازی اینجاست.

زندگی خالی نیست؛

مهربانی هست، سیب هست، ایمان هست.

آری

تا شقایق هست، زندگی باید کرد.

سهراب سپهری

چند دقیقه‌ای با این شعر خلوت کنین.

حستون از این شعر چیه و دوست دارین امروز چه حسی رو در خودتون تقویت کنین؟

بعد از خوندن این شعر، نیت شما برای امروز چیه؟ امروز رو با یک نیت برای امروز سپری کنین.

امروز می‌خوایم از جملهٔ زیبای کتاب چهار میثاق استفاده کنیم و روزمون رو با این نیت بگذرونیم:
«با کلام خود گناه نکنید.»

قبـل از خـواب ایـن سـطور رو از حس‌هـا و اتفاقاتـی کـه بر شـما گذشـته، پـر کنین. تنهـا موقعـی از کلامتون استفاده کنین که می‌خواین عشق، مهربونی، محبت و مهر ایثار کنین.

امروز به یاد داشته باشین که هر کلمه و جمله‌ای به زبان می‌آرین، مثل آینه‌ای درون شما رو به دیگران نشون می‌ده.

از کلامتون جز برای صداقت، شرافت و حقیقت استفاده نکنین.

قبل از هر صحبتی امروز این جمله رو با خودتون تکرار کنین: «**من بر کلام خود آگاهم.**»

آیا در تکرار این مانترا موفق بودین؟ آیا امروز تونستین بر کلام خودتون آگاه باشین و با کلام خودتون گناه نکنین؟

امروز دنبال چیزی باش که تو رو بخندونه!

امروز به‌دنبال خنده، با هرکسی که فکر می‌کنی خاطرهٔ خنده‌داری داره، ارتباط برقرار کن.

مثلاً به رفیقی که باهاش خاطرهٔ خنده‌دار داری زنگ بزن و اون خاطره رو بهش یادآوری کن و باهم بخندین.

امروز هر کاری که می‌کنین، با نیت خنده و لبخند برین به‌سمتش.

تجربه‌تون رو اینجا ثبت کنین.

امروز قبل از هر حرفی که می‌خواین بزنین این سه سؤال رو از خودتون بپرسین:

۱- آیا ضرورت داره؟

۲- آیا حقیقته؟

۳- آیا مهربانانه‌ست؟

هر چیزی رو که قراره به زبان بیارین با این سه سؤال بسنجین. اگه جواب «بله» بود، اون موقع حرفتون رو بزنین. تمرین امروز چطور بود؟

امنیت

یکی از مهم‌ترین حس‌هایی که هر فرد باید داشته باشه، حس امنیت برای خود و دیگرانه.

چه‌کسی رو دارین که حس امنیت بهتون می‌ده؟ شما چطور، شما تونسته‌این همین حس رو به اون فرد یا افراد دیگه بدین؟ آیا اطرافیانتون از شما حس امنیت می‌گیرن؟

امروز قراره با اون فردی که حس امنیت به ما می‌ده ارتباط برقرار کنیم و بهش بگیم مرسی که با بودنت و کارهات حس امنیت رو برام ایجاد کردی و درمورد اهمیت امنیت با اون فرد صحبت کنیم.

اگه کسی رو ندارین، آیا می‌تونین خودتون این حس رو برای کسی ایجاد کنین؟ امروز چه قدمی برای این حس برمی‌دارین؟

در ۳ ماه گذشته چه تغییراتی توی خودتون حس کردین؟ حتی یک تغییر خیلی کوچک هم خوب و مفیده. با کدوم صفحه‌ها و پیام‌ها ارتباط بیشتری برقرار کردین؟ چرا؟ کدوم تمرین‌ها رو بیشتر از یک روز و یک بار انجام دادین؟ کدوم رو دوست دارین در روتین روزانه داشته باشین؟

امروز می‌خوایم تمرین سادهٔ نفس‌گیری رو انجام بدیم.

ستون فقرات و سرتون رو صاف کنین.

یک نفس عمیق بکشین.

نفس عمیق بعدی رو که می‌کشین هوا رو توی شکمتون بیارین و با یک بازدم از دهان خارج کنین.

۳ بار این کار رو انجام بدین.

نفس عمیق چهارم: وقتی شکم رو پر از هوا کردین، با کلمهٔ هاااااا خیلی آروم خارجش کنین تا هوا از دهان تا شکم خالیِ خالی بشه.

۳ بار این کار رو انجام بدین.

نفس عمیق هفتم: این دفعه قفسهٔ سینه رو پر از اکسیژن کنین و با هاااا خارجش کنین.

این کار رو هم ۳ بار انجام بدین.

و در آخرین مرحله، به‌صورت یکی‌درمیون، یک بار شکم و یک بار قفسهٔ سینه رو پر کنین و همین‌جور ۶ بار این شکل نفس کشیدن رو ادامه بدین؛ یعنی ۳ دفعه شکم و ۳ دفعه قفسهٔ سینه.

بعد چشم‌هاتون رو ببندین و برای امروز نیت کنین.

نیتتون رو اینجا بنویسین و هروقت در طول روز یادش افتادین، این نفس‌گیری رو انجام بدین. در مجموع ۵ دقیقه زمان می‌بره.

همهٔ زخم‌ها یک روز خوب می‌شوند. بعضی‌ها زودتر، بی‌دردتر، بی‌هیچ ردی از بین می‌روند. یک روز صبح که لباس می‌پوشی متوجه می‌شوی اثری از آن نیست. متوجه می‌شوی خیلی وقت است به آن فکر نکرده‌ای. یک روز دیگر آنجا نیست.

بعضی زخم‌ها عمیق‌ترند. ملتهب‌اند. درد دارند. با هر لمسِ بی‌هوا، سوزشی از زبری روی زخم شروع می‌شود، ریشه می‌زند به اعصاب دستانت، به اعصابِ زانوانت، به شقیقه‌ها، به ماهیچه‌های قلبت، به چشمانت، به کیسه‌های اشکی گوشهٔ چشمانت. شب‌ها، به پهلوی راست می‌خوابی و مواظبی زخمت سر باز نکند. روزها روی آن را خوب می‌پوشانی. دلت نمی‌خواهد کسی زخمت را ببیند. دلت نمی‌خواهد کسی چیزی بپرسد. می‌دانی آنجاست، ولی با همهٔ درد و سوزشش دلت می‌خواهد فراموشش کنی.

یک روز صبح که لباس می‌پوشی، متوجه می‌شوی از زخم‌هایت تنها خط‌های کج‌ومعوج صورتی‌رنگی مانده و از دردهایت یک یادآوری محو از حسی که مدت‌ها گریبان‌گیرت بود و حالا دیگر نیست. دیگر نیازی به پنهان کردن هیچ چیزی نداری. از خانه بیرون می‌زنی. نفسی تازه می‌کنی. دیگر از خودت و زخم‌هایت نمی‌ترسی. از آدم‌هایی که زخمی‌ات می‌کنند نمی‌ترسی. می‌دانی که همهٔ زخم‌ها دیر یا زود خوب می‌شوند... حتی آن‌هایی که از عزیزترین‌هایت خورده‌ای.

نیکی فیروزکوهی

چند دقیقه‌ای با این متن خلوت کنین.

حستون از این متن چیه و دوست دارین امروز چه حسی رو در خودتون تقویت کنین؟

بعد از خوندن این متن، نیت شما برای امروز چیه؟ امروز رو با یک نیت برای امروز سپری کنین.

امروز یک روز شکرگزاری دیگه‌ست.

پنج اتفاقی رو که دیروز افتاد و شما به‌خاطرش شاکر هستین، بنویسین.

شکرگزارم که ـــــــ (رو) توی زندگی‌م دارم/ تجربه کرده‌ام.

شکرگزارم که قراره ـــــــ (رو) تجربه کنم.

شکرگزارم که ـــــــ (رو) توی زندگی‌م ندارم/ تجربه نکرده‌ام.

امشب قبل از خواب از تجربهٔ امروز و حس‌هایی که تجربه کردین بنویسین.

یکی از حیوانات پایین رو انتخاب کنین:

فیل، شیر، دلفین، سگ، اسب، عقاب

یکی از رنگ‌های پایین رو انتخاب کنین:

سبز، آبی، زرد، قرمز، بنفش، نارنجی

خصوصیات حیوانی که انتخاب کردین، چیه؟ چشم‌هاتون رو ببندین، حس کنین و حدس بزنین.

خصوصیات رنگی که انتخاب کردین، چیه؟ چه حسی داره؟ این رنگ رو بیشتر در چه مکان‌هایی می‌بینین؟

قراره امروز همهٔ این خصوصیاتی رو که نوشتین تمرین کنین.

امروز می‌خوایم از کلمهٔ «جایگزینی» استفاده کنیم.
به تمام چالش‌هایی که درگیرش هستین، فکر کنین.
چالش در رابطه، کار، درس یا هر چیز دیگه‌ای.

چطوره به‌جای «چالش» از کلمهٔ «فرصت» استفاده کنیم! امروز به اتفاق، کنش یا موضوعی که قبل از این به‌عنوان چالش بهش نگاه می‌کردین، به‌چشم فرصت نگاه کنین؛ فرصتی برای رشد، فرصتی برای درس گرفتن و یادگیری.

از تجربه‌تون اینجا بنویسین. چطور از فرصت‌های امروز استفاده کردین؟ آیا می‌تونین نوعی تفکر جدید رو توی زندگی روزمره جا بدین؟

اگه دوست دارین روی کسی تأثیر بذارین یا اگه دوست دارین به‌یادموندنی باشین، باید یاد بگیرین که «شنوندهٔ» خوبی باشین.

آدم‌ها شنونده‌ها رو خیلی دوست دارن؛ کسی که بی‌قضاوت بهشون گوش می‌ده، کسی که تمام تمرکز، حواس و توجهش در حضور کامله. فردی که شنوندهٔ واقعیه.

وقتی از پروردگار، طبیعت و هوش کیهانی که بهترین شنونده‌ها هستن، درخواستی داریم، مطمئنیم که حس ما رو درک می‌کنن و پذیرای آنچه در دل داریم هستن.

امروز می‌تونین تمرین کنین که شنوندهٔ بهتری باشین؟ قبل از خواب از حس امروزتون بنویسین.

کودکی با ترس و تردید در مقابل شما ایستاده. چطور باهاش صحبت می‌کنین.

چطور از شک و ترسی که واقعی نیست بهش می‌گین. چطور بهش کمک می‌کنین؟

با تیروکمان کودکی‌ام در کوچه‌باغ‌های قدیمی

در انبوه درختان باران‌خورده

سینهٔ گنجشکی را نشانه گرفته بودم که عاشق تو شدم.

گنجشک بر شانه‌ام نشست

و من شکارچی ماهری شدم

از آن پس هرگز به شکار پرنده‌ای نرفتم.

هر وقت دلتنگم، آواز می‌خوانم

پرنده می‌آید، پرنده می‌نشیند، پرنده را می‌بویم، پرنده را می‌بوسم، پرنده را رها می‌کنم.

و چون شکارِ دیگری می‌شود، کودکی‌ام را می‌بینم

در کوچه‌باغ‌های قدیمی

در انبوه درختان باران‌خورده

با بوی کاهگل و آواز پرنده

به خود می‌پیچد و گریه می‌کند.

های آواز چقدر تو را دوست دارم.

محمدابراهیم جعفری

چند دقیقه‌ای با این شعر خلوت کنین.

حستون از این شعر چیه و دوست دارین امروز چه حسی رو در خودتون تقویت کنین؟

بعد از خوندن این شعر، نیت شما برای امروز چیه؟ امروز رو با یک نیت برای امروز سپری کنین.

امروز می‌خوایم از جملهٔ زیبای کتاب چهار میثاق استفاده کنیم و روزمون رو با این نیت بگذرونیم:
«با کلام خود گناه نکنید.»

قبل از خواب این سطور رو از حس‌ها و اتفاقاتی که بر شما گذشته، پر کنین. تنها موقعی از کلامتون استفاده کنین که می‌خواین عشق، مهربونی، محبت و مهر ایثار کنین.

امروز به یاد داشته باشین که هر کلمه و جمله‌ای به زبان می‌آرین، مثل آینه‌ای درون شما رو به دیگران نشون می‌ده.

از کلامتون جز برای صداقت، شرافت و حقیقت استفاده نکنین.

قبل از هر صحبتی امروز این جمله رو با خودتون تکرار کنین: «**من بر کلام خود آگاهم.**»

آیا در تکرار این مانترا موفق بودین؟ آیا امروز تونستین بر کلام خودتون آگاه باشین و با کلام خودتون گناه نکنین؟

امروز قراره تمرینی بهظاهر بسیار سخت، ولی ساده رو انجام بدیم.

تمرین خیره شدن به چشمهای کسی که خودتون انتخاب میکنین، بهمدت ۲ دقیقه.

میتونه از اعضای خانواده باشه.

میتونه دوست، همسر یا یار شما باشه.

میتونه حتی فردی باشه که احساس میکنین ازش قلباً دور شدهاین و رابطهتون نیاز به ترمیم داره.

شاید با این تمرین احساساتی بشین، شاید خندهتون بگیره، ولی به هر احساسی که روی سطح وجودتون اومد، پایبند باشین.

از حستون بعد از این تمرین بنویسین.

امروز قراره برقصیم یا از درک بدن استفاده کنیم و بدنمون رو چند دقیقه به حرکت دربیاریم، می‌تونه با آهنگی شاد باشه یا با آهنگی آروم و کلاسیک و در حد حرکت‌های نرم و استفاده از عضلات بدن. مهمه که بدن رو از بی‌حرکتی دربیاریم.

قراره ۵-۴ دقیقه بدن رو به دست موسیقی بسپاریم و رهایی رو تجربه کنیم.

از حستون بنویسین. از اینکه رقص امروز خوشحالتون کرده؟ یادآوری کرده که با بدنتون بیشتر دوستی کنین؟ یا اینکه همهٔ زندگی همینه؟ در همین رهاییِ شما با نعمت موسیقی؟

امروز می‌خوام از تأثیر مثبتی که توی زندگی کسی گذاشتین، بنویسین. از توانایی، قلب رئوف، مهربانی و نوری که در درونتون هر روز حمل می‌کنین، بنویسین.

این یک یادآوری و شکرگزاری از خوده.

به دو هفتهٔ گذشته فکر کنین.

۳ تصمیم درستی که گرفتین چی بوده؟

چیزی که می‌دونین راه درست، کار درست و روش درست بوده و به خودتون و کسی ضربه‌ای نزده.

با این کار می‌خوایم به ذهن پر از مشغله، ترس و تردیدتون نشون بدین که شما تصمیم‌گیرنده هستین و به خودتون بیشتر اعتماد کنین.

اعتماد

اعتماد چیزیه که همهٔ ما بهش نیاز داریم. اعتماد باعث می‌شه خلاق باشیم، باور کنیم، جلو بریم، تغییر کنیم. اعتماد به خود، اعتماد به آدم‌ها و دنیا یکی از مهم‌ترین اصل‌هاییه که دنبالش هستیم.

امروز روز تشکر از فردیه که حس اعتماد رو در شما به وجود آورده. کسی که وقتی بهش فکر می‌کنین، خوشحالین که چقدر می‌شه به این فرد اعتماد کرد و چقدر راحت در کنارش می‌تونین خودتون باشین، چون بهش اعتماد دارین.

درمورد اون فرد بنویسین.

اگه هم کسی به ذهنتون نمی‌آد، خودتون چی؟ به خودتون اعتماد دارین؟ خودتون تا حالا این احساس رو در کسی زنده کرده‌این؟ حاضرین چه کاری برای اعتماد بیشتر به خودتون انجام بدین؟

اشتباه می‌کنند بعضی‌ها
که اشتباه نمی‌کنند!
باید راه افتاد،
مثل رودها که بعضی به دریا می‌رسند
بعضی هم به دریا نمی‌رسند.
رفتن، هیچ ربطی به رسیدن ندارد!

سیدعلی صالحی

چند دقیقه‌ای با این شعر خلوت کنین.

حستون از این شعر چیه و دوست دارین امروز چه حسی رو در خودتون تقویت کنین؟

بعد از خوندن این شعر، نیت شما برای امروز چیه؟ امروز رو با یک نیت برای امروز سپری کنین.

امروز قراره با برقراری مکالمه‌ای ساده با یک غریبه، به ارتقای مهارت‌های اجتماعی خودتون کمک کنین. چیزی که شاید برای افرادی که کمی خجالتی‌ان، سخت باشه.
این مکالمه قرار نیست در شبکه‌های اجتماعی شکل بگیره و حتماً باید حضوری باشه. می‌تونه توی پارک باشه، موقع خرید یا هرجای دیگه‌ای که مدنظر شماست.
یک مکالمهٔ ۳-۲ دقیقه‌ای ساده برای اینکه به خودتون یادآوری کنین که ما همه یکی هستیم.
از تجربهٔ امروز اینجا بنویسین.

شکرگزارم که ــــــــــ (رو) توی زندگی‌م دارم/ تجربه کرده‌ام.

شکرگزارم که قراره ــــــــــ (رو) تجربه کنم.

شکرگزارم که ــــــــــ (رو) توی زندگی‌م ندارم/ تجربه نکرده‌ام.

امشب قبل از خواب از تجربهٔ امروز و حس‌هایی که تجربه کردین بنویسین.

امروز دنبال چیزهایی بگردین که معمولاً توی اون‌ها زیبایی‌ای نمی‌بینین. چیزهای ساده‌ای که ازشون به‌آسونی می‌گذرین، ولی این بار می‌ایستین و نگاه می‌کنین. توی چیزهایی که شاید تا به‌حال به چشم‌های شما زیبا نبوده، زیبایی رو پیدا کنین.

در چه چیزهایی زیبایی رو پیدا کردین؟

قبل از اینکه امروز تموم شه، از حستون اینجا بنویسین.

امروز روز اشتیاقه؛ روزی که قراره هر کاری، تکرار می‌کنم هر کاری که انجام می‌دیم مشتاقانه باشه. می‌خوایم کاری رو که انجام می‌دین با تمام وجود انجام بدین.

قبل از هرکاری این جمله رو تکرار کنین: «تمام تمرکز من اینجاست و می‌خوام با اشتیاق کار کنم.» حتی اگه اون کار به‌سادگیِ درست کردن صبحانه باشه یا تمیز کردن محیط اطراف، بهترین عملکردی رو که می‌تونین از خودتون ارائه بدین.

یادتون باشه اشتیاق باعث می‌شه ایده‌های کاری جدید و خلاقانه به ذهن شما برسه.

با «فکر کردن» هدف پیدا نمی‌شه.

با «انجام دادنه» که برای خودتون هدفی پیدا می‌کنین.

کارهای ساده رو با اشتیاق انجام بدین تا خلاقیت به شما برگرده.

از حس امروزتون بنویسین. یادتون موند که این جملهٔ تأکیدی رو تکرار کنین؟

مرزهای شما در زندگی به‌معنی این نیست که فردی رو دوست ندارین یا از آدم‌ها دوری می‌کنین. مرزها فقط و فقط برای مراقبت از خودتون و حمایت از درونتونه.

اینکه به فردی بگین که مرزهای شما چیه و ازش بخواین این مرزها رو رد نکنه، به این معناست که شما خودتون رو می‌شناسین، به ارزش‌های خودتون به‌خوبی اشراف دارین و برای آرامش درونتون این مرزها رو تعریف کرده‌این.

وقتی با اقتدار به مرزهای خودتون احترام می‌ذارین، یعنی به ندای درونتون گوش می‌دین.

مرزهای شما چیه؟ آیا افرادی که با شما در ارتباط هستن این مرزها رو رعایت می‌کنن؟ چه کاری می‌تونین بکنین که خودتون و اهمیت این خط‌ها رو بهتر برای دیگران توضیح بدین؟

امروز روز هنرمند بودنه.

روز خلق کردن.

شما هنر رو در چی می‌بینین؟

توی چه کاری دست به خلق کردن می‌زنین؟

امروز، نیم ساعت هم که شده هنرمند باشین. می‌تونین نقاشی کنین، طراحی کنین، کلاژ درست کنین، شعر بگین، گل یا گیاهی بکارین یا هر کار دیگه‌ای که برای شما حس خوبِ آفرینش رو به وجود می‌آره.

امروز چه چیزی خلق کردین؟ حین انجامش چه حسی داشتین؟ آیا وقتی خلق می‌کردین حضور کامل داشتین؟

کار ما نیست شناسایی «راز» گل سرخ،

کار ما شاید این است

که در «افسون» گل سرخ شناور باشیم.

پشت دانایی اردو بزنیم.

دست در جذبهٔ یک برگ بشوییم و سر خوان برویم.

صبح‌ها وقتی خورشید درمی‌آید متولد بشویم.

هیجان‌ها را پرواز دهیم.

روی ادراک فضا، رنگ، صدا، پنجره گل نم بزنیم.

آسمان را بنشانیم میان دو هجای «هستی».

ریه را از ابدیت پر و خالی بکنیم.

بار دانش را از دوش پرستو به زمین بگذاریم.

نام را بازستانیم از ابر،

از چنار، از پشه، از تابستان.

روی پای تر باران به بلندی محبت برویم.

در به روی بشر و نور و گیاه و حشره باز کنیم.

کار ما شاید این است

که میان گل نیلوفر و قرن

پی آواز حقیقت بدویم.

سهراب سپهری

چند دقیقه‌ای با این شعر خلوت کنین.

حستون از این شعر چیه و دوست دارین امروز چه حسی رو در خودتون تقویت کنین؟

بعد از خوندن این شعر، نیت شما برای امروز چیه؟ امروز رو با یک نیت برای امروز سپری کنین.

برای رسیدنِ هسته به گل، برای تبدیل آروم‌آروم دانه به ساقه و برگ و گل، به عواملی چون نور، خاک، کود، آب و هوای مناسب نیاز داریم.

ما برای رشد به کمک گرفتن از عواملی خارجی نیاز داریم، مثلاً برای رشد و افزایش تمرکز، می‌تونیم توجه‌مون رو ببریم روی اکسیژنی که از بیرون وارد ریه‌هامون می‌شه (مثلاً تمرین‌های نفس‌گیری). یا برای تغییر سطح انرژی مثل کاهش استرس، می‌تونیم با یک پیاده‌روی ساده در طبیعت حس‌وحالمون رو تغییر بدیم.

شما از چه عوامل خارجی‌ای برای رشد خودتون استفاده می‌کنین؟ کتاب، ورزش، یوگا، پادکست؟ کاکتوس به آب کمتری نیاز داره، درصورتی‌که گل نیلوفر در مرداب و از دل آب بیرون می‌آد.

شما برای رشد به چه‌چیزی بیشتر نیاز دارین؟

امروز قراره از درک بدن و حس لامسه استفاده کنیم.

امروز روز بغل کردنه، یا روز گرفتن دست کسی.

امروز یک نفر رو انتخاب کنین، شاید به شما نزدیک باشه شاید دور، یک نفر که ممکنه باهاش صمیمی باشین یا خیلی نه، یک نفر که حس خوبی بهش دارین یا حتی حس خوبی بهش ندارین. فردی رو انتخاب کنین و بغلش کنین یا دستش رو بگیرین.

از حستون اینجا بنویسین. اینکه به‌سمت فردی قدم بردارین چه حسی داره؟

امروز می‌خوایم از جملهٔ زیبای کتاب چهار میثاق استفاده کنیم و روزمون رو با این نیت بگذرونیم:
«با کلام خود گناه نکنید.»

قبل از خواب این سطور رو از حس‌ها و اتفاقاتی که بر شما گذشته، پر کنین. تنها موقعی از کلامتون استفاده کنین که می‌خواین عشق، مهربونی، محبت و مهر ایثار کنین.

امروز به یاد داشته باشین که هر کلمه و جمله‌ای به زبان می‌آرین، مثل آینه‌ای درون شما رو به دیگران نشون می‌ده.

از کلامتون جز برای صداقت، شرافت و حقیقت استفاده نکنین.

قبل از هر صحبتی امروز این جمله رو با خودتون تکرار کنین: **«من بر کلام خود آگاهم.»**

آیا در تکرار این مانترا موفق بودین؟ آیا امروز تونستین بر کلام خودتون آگاه باشین و با کلام خودتون گناه نکنین؟

تلاش برای اثبات خود به دیگران نقطه‌ضعفیه که هرچقدر بیشتر انجامش بدین، بیشتر متقاضی داره.
سیاه‌چاله‌ای که هیچ‌وقت پر نمی‌شه.
تنها راه‌حل، برعکس کردن این قاعده‌ست:
هر بار که فکرِ اثبات خودتون به فردی به ذهنتون اومد، به‌جاش خودتون رو به خودتون ثابت کنین. به توانایی‌هاتون رجوع کنین و کاری رو انتخاب کنین که توش خالق هستین و اون روز اون کار رو انجام بدین.
امروز کمی خلق می‌کنیم.

مثل نقاشی کشیدن، غذا درست کردن، یا هر چیز سادهٔ دیگه‌ای که به شما حس شگفت‌انگیز خلق می‌ده.
چه کاری رو انتخاب می‌کنین؟ «من هستم، نه برای اثبات خودم، بلکه برای قسمت کردن عشقم.» این مانترا رو تکرار کنین و قبل از خواب حس امروزتون رو ثبت کنین.
برای یادآوری توانایی‌تون چند کاری رو که دیروز تونستین روش کنترل داشته باشین نام ببرین.

نه روزهای سخت رفتنی‌ان.

و نه روزهای خوب اومدنی.

هیچ‌کدوم نه در رفت‌وآمدن،

و نه ازبین‌رفتنی.

هر دو فقط هستن. وجود دارن.

هر دو همدیگه رو تکمیل می‌کنن.

هر دو به هم نیاز دارن و هر دو کنار هم هستن که به یک کل تبدیل بشن.

انتخاب ماست که هر روز روی کدوم بیشتر وقت و انرژی صرف کنیم. به روزهای سخت و درس‌هاش نیاز داریم که از درکی که بهمون می‌ده در روزهای خوب استفاده کنیم.

امروز تمرکز شما روی چیه؟

یکی از کارهایی که انرژی ما رو می‌گیره و خوشحالی‌مون رو از بین می‌بره فکر کردن به گذشته و آینده‌ست.

ما از آینده خبر نداریم، ولی اینکه بسته به گذشته‌مون، آینده‌ای رو تصور می‌کنیم، می‌تونه بدون اینکه متوجه باشیم، تمام انرژی‌مون رو تخلیه کنه.

مانترا:

«امروز در شکل و فرم خودش کافیه.

من هم کافی هستم.

امروز رو برای امروز نفس می‌کشم.»

هر موقع متوجه شدین در خاطرات گذشته و تصورات آینده غرق شده‌این و زمان از دستتون دررفته، این مانترا رو تکرار کنین.

قبل از اینکه بخوابین، از تجربهٔ امروز با این مانترا اینجا بنویسین.

نازنینم!

دوست داشتم برایت بنویسم دلت را به هیچ‌چیزی خوش نکن... نمی‌توانم... معتقدم به دلخوشی‌های کوچک که لحظه‌های بزرگ را می‌سازند.

دوست داشتم بنویسم دل به هیچ‌کس نده. دوست داشته باش، ولی عاشق نشو... نمی‌توانم... خوب می‌دانم زندگی با عشق سخت است، بدونِ عشق سخت‌تر!

دوست داشتم بنویسم بی‌تفاوت باش، بی‌خیال، به هیچ‌چیزی در دنیا فکر نکن... جرئتش را ندارم... اگر همین یک کار را هم نکنیم. اگر با خودمان خلوت نکنیم. اگر گهگاهی افکار و تخیلاتِ خود را به مبارزه نکشیم، پس باید چه کنیم؟! با جای خالی کسی که بی‌هیچ قضاوتی به حرف‌هایمان گوش می‌کرد، چه باید بکنیم؟!

نیکی فیروزکوهی

چند دقیقه‌ای با این متن خلوت کنین.

حستون از این متن چیه و دوست دارین امروز چه حسی رو در خودتون تقویت کنین؟

بعد از خوندن این متن، نیت شما برای امروز چیه؟ امروز رو با یک نیت برای امروز سپری کنین.

یک جملهٔ مشهور هست که می‌گه:

«جهنم جاییه که می‌دونی داری به خودت ضربه می‌زنی، ولی هر روز به اون کار ادامه می‌دی.»

فکر می‌کنین بیشترین ضربه‌ها رو کی و چی به ما می‌زنه؟ خودمون؟ برخوردی که با اطرافمون داریم؟ کاری هست که وقتش باشه درش تغییر مسیر بدین؟ رفتار چطور؟ رفتار یا باوری هست که وقتش باشه تغییرش بدین؟ از چه راهی استفاده می‌کنین که به خودتون کمک کنین؟

می‌دونستین در اوجِ مطمئن نبودنه که می‌تونین متوجه بشین چقدر به خودتون اعتماد دارین، چقدر به درونتون وصلین؟

می‌دونســتین اگـه می‌خواین خودتون رو تسـت کنین کـه چقدر به نـدای درونتون آگاهیـن، باید در موقعیت‌هایی قرار بگیرین که ازش مطمئن نیستین؟

اگه با این دید نگاه کنین، متوجه می‌شین که اطمینان کامل نداشتن برای اینه که خودتون رو محک بزنین و بفهمین در کدوم نقطه از اعتماد به خود ایستاده‌این.

اگه با این دید مثبت به شرایطی که بهش شک دارین نگاه کنین، بیشتر و بیشتر به صدای درونتون گوش می‌دین و اعتماد می‌کنین.

می‌تونین امروز رو با این دید مثبت بگذرونین؟

از تجربهٔ امروزتون بنویسین.

جان براف می‌گه آدم می‌تونه هزاران بار شکست بخوره و ببازه، ولی موقعی بهش می‌گن بازنده که بقیه رو مقصر بدونه و مسئولیت عملش رو نپذیره.

هر اتفاقی که در اطراف شما می‌افته، نیاز به فاعل و مفعول، کنش و واکنش و در واقع نیاز به دو نوع انرژی داره که به واقعیت تبدیل بشه.

شما در اتفاق‌های بد یا ناخوشایند مسئولیت خودتون رو چقدر می‌پذیرین؟

چقدر واقع‌گرایانه می‌پذیرین که شکست قسمتی از پیروزیه؟ که بدون شکست، پیروزی معنای خودش رو از دست می‌ده؟

فکر می‌کنین در اتفاق‌های بعدی بهتره چطور واکنش نشون بدین؟

شکرگزارم که ـــــــ (رو) توی زندگی‌م دارم/ تجربه کرده‌ام.

شکرگزارم که قراره ـــــــ (رو) تجربه کنم.

شکرگزارم که ـــــــ (رو) توی زندگی‌م ندارم/ تجربه نکرده‌ام.

امشب قبل از خواب از تجربهٔ امروز و حس‌هایی که تجربه کردین بنویسین.

مارک تواین:

«تصمیمات خوب و صحیح از تجربه ناشی می‌شوند و تجربه‌ها از تصمیمات بد و غلط.»

این نگاه رو تغییر بدین که تصمیمات بدی که در گذشته گرفته‌این رو دوست ندارین، خودتون رو سرزنش نکنین و ازشون فراری نباشین.

به‌جاش این فکر رو در سرتون پرورش بدین که تجربه کرده‌این و این تجربه باعث شده کمی بهتر خودتون رو بشناسین.

یاد کدوم تجربه افتادین؟

الان با چه دیدی بهش فکر و نگاه می‌کنین؟

اِکهارت تولی:

«به‌جای اینکه با افکار و احساسات خود را یکی ببینید، با آگاهیِ پشت آن افکار و احساسات خود را یکی بدانید.»

یعنی آگاه باشین که این افکار وجود دارن، به خودتون بگین «من نظاره‌گرشون خواهم بود، به‌جای اینکه بهشون تن بدم و واردشون بشم.» وقتی فکری وارد سرتون می‌شه مثل تلویزیون فقط تماشاش کنین. هروقت متوجه شدین احساسات و افکارتون شما رو منقلب کرده‌ان یا دیدین یه‌جور انرژی، حس یا فکر الان باهاتونه و به‌جای عمل کردن بهش، فقط نظاره‌گرش بودین، اون‌وقته که خودتون رو از افکار و احساسات جدا کرده‌این. کم‌کم یاد می‌گیرین که خیلی گزینشی به افکار و احساساتِ روی سطح اومده اهمیت یا گوش بدین.

امروز می‌خوایم تمرین کنیم که نظاره‌گر افکار و احساسات باشیم. فقط بهشون آگاه باشیم، به‌جای اینکه توشون غرق بشیم. «من نظاره‌گر این افکارم و با این افکار یکی نیستم.» این مانترا رو تکرار کنین و امشب قبل از خواب حستون رو بنویسین.

آمده از جایی دور،

اما زادهٔ زمینم.

امانت‌دار آب و گیاه،

آورندهٔ آرامش و

اعتبار امیدم.

من به نام اهل زمین است

که زنده‌ام.

زمین

با سنگ‌ها و سایه‌هایش،

من

با واژه‌ها و ترانه‌هایم،

هر دو

زیستن در باران را

از نخستین لذت بوسه آموخته‌ایم.

سیدعلی صالحی

چند دقیقه‌ای با این شعر خلوت کنین.

حستون از این شعر چیه و دوست دارین امروز چه حسی رو در خودتون تقویت کنین؟

بعد از خوندن این شعر، نیت شما برای امروز چیه؟ امروز رو با یک نیت برای امروز سپری کنین.

پیتر گابریل:

«من ترس‌هایی دارم، ولی ترس‌هایم من را ندارند.»

خیلی از ما در میون ترس‌هامون زندگی می‌کنیم. انتخابمون وابسته به ترس‌هامونه.

در واقع زبان ما زبان ترس‌هامونه.

یا در تلاش برای از بین بردن ترس‌هاییم.

درصورتی‌که ترس‌ها هم مثل افکار دیگه باید فقط در گذر باشن، باید فقط بهشون آگاه باشیم و برای درس گرفتن به دل‌خواه ازشون استفاده کنیم. همهٔ ما ترس‌های خودمون رو داریم که ازبین‌بردنی نیستن.

باید سوار بودن بر ترس‌ها رو یاد گرفت، نه اینکه سواری دادن بهشون رو ادامه داد.

امروز کمی نظاره‌گر ترس‌ها و انتخاب‌هامون خواهیم بود. به‌جای اینکه وقتی ترسی در ما شروع به فعالیت کرد بهش عمل کنیم یا بهش تن بدیم، این بار فقط نظاه‌گر خواهیم بود.

الان که به امروزتون نگاه می‌کنین چند بار در روز به‌جای نظاره‌گری، وارد ترس‌ها شده‌این؟

امروز قراره برین دنبال چیز جدیدی برای یادگیری.

کار جدید، اطلاعات علمی جدید، چیزی که اصلاً نه ربطی به رشتهٔ کاری شما داره و نه ربطی به زندگی روتین و روزمره‌تون؛ از طریق اینترنت، از هم‌صحبتی با شخصی که در حرفهٔ خاصی فعالیت داره یا هر راه دیگه‌ای که برای شما خوبه.

چند دقیقه با کنجکاوی به اطرافتون نگاه کنین.

کنجکاوی کلید این تمرینه.

هر چیزی که توجه شما رو به خودش جلب کرد، کمی درمورد پس‌زمینه‌ش تحقیق کنین و ببینین چطور اون شیء یا اتفاق به اینجا و به این نقطه رسیده.

کل این تمرین شاید حدود ۲۰ دقیقه وقتتون رو بگیره، ولی نتایج خیلی جالبی ازش می‌گیرین.

امروز می‌خوایم از جملهٔ زیبای کتاب چهار میثاق استفاده کنیم و روزمون رو با این نیت بگذرونیم:
«با کلام خود گناه نکنید.»

قبل از خواب این سطور رو از حس‌ها و اتفاقاتی که بر شما گذشته، پر کنین. تنها موقعی از کلامتون استفاده کنین که می‌خواین عشق، مهربونی، محبت و مهر ایثار کنین.

امروز به یاد داشته باشین که هر کلمه و جمله‌ای به زبان می‌آرین، مثل آینه‌ای درون شما رو به دیگران نشون می‌ده.

از کلامتون جز برای صداقت، شرافت و حقیقت استفاده نکنین.

قبل از هر صحبتی امروز این جمله رو با خودتون تکرار کنین: **«من بر کلام خود آگاهم.»**

آیا در تکرار این مانترا موفق بودین؟ آیا امروز تونستین بر کلام خودتون آگاه باشین و با کلام خودتون گناه نکنین؟

این سؤال رو امروز، قبل از اینکه به کاری بپردازین، از خودتون بپرسین:

«آیا کاری که الان می‌خوام انجام بدم و وقتم رو صرفش کنم، من رو به اون آدمی که همیشه از خودم تصور می‌کنم، نزدیک می‌کنه؟ آیا باعث شکوفایی من می‌شه؟»

امروز قبل از هر کاری این سؤال رو از خودتون بپرسین.

حس امروزتون رو اینجا ثبت کنین.

امروز قراره برقصیم یا از درک بدن استفاده کنیم و بدنمون رو چند دقیقه به حرکت دربیاریم، می‌تونه با آهنگی شاد باشه یا با آهنگی آروم و کلاسیک و در حد حرکت‌های نرم و استفاده از عضلات بدن. مهمه که بدن رو از بی‌حرکتی دربیاریم.

قراره ۵-۴ دقیقه بدن رو به دست موسیقی بسپاریم و رهایی رو تجربه کنیم.

از حستون بنویسین. از اینکه رقص امروز خوشحالتون کرده؟ یادآوری کرده که با بدنتون بیشتر دوستی کنین؟ یا اینکه همهٔ زندگی همینه؟ در همین رهاییِ شما با نعمت موسیقی؟

لئو تولستوی:

«همه در فکر تغییر دنیا هستند، اما هیچ‌کس به فکر تغییر خودش نیست!»

برای کمی تغییر، برای کمی حس بهتر، برای کمی پیشرفت، امروز می‌خواین چه کاری انجام بدین؟

دست‌های ما

شاخه‌ها کشیده در پناه هم،

لانهٔ پرنده‌ای است.

دست‌های ما،

در مسیر بازوان بی‌قرار ما،

جویبار زنده‌ای است.

دست‌های ما پیمبران خامُش‌اند.

آیه‌های مهرشان به کف

بر بلور جانشان

داغ و بوسه آشکار

دست‌های ما،

رهروان سرخوش‌اند

دست ما به عشق ما گواست

دست‌های ما کلید قلب‌های ماست

سیاوش کسرایی

چند دقیقه‌ای با این شعر خلوت کنین.

حستون از این شعر چیه و دوست دارین امروز چه حسی رو در خودتون تقویت کنین؟

بعد از خوندن این شعر، نیت شما برای امروز چیه؟ امروز رو با یک نیت برای امروز سپری کنین.

ما وقتی در موقعیتی ترسناک و استرس‌زا قرار می‌گیریم، بدنمون به‌صورت خودکار بیشترِ خون رو به سرِ
ما می‌فرسته که بتونیم درست فکر کنیم و تصمیم بگیریم. این باعث می‌شه خون کمتری در قسمت میانی
بدنمون (شکم) در جریان باشه. خب وقتی زیاده از حد یا به‌دفعات در طول روز درگیر ترس و استرس
باشیم و خون توی سرمون بیشتر جریان داشته باشه، سطح اسیدی بدن بالا می‌ره و چون خون کمتری در
ناحیهٔ شکم در رفت‌وآمده، به مشکلاتی مثل زخم معده، مشکلات گوارشی و هضم دچار می‌شیم.

اکسیژن منجر به پایین اومدن سطح اسیدی بدن می‌شه و با تنفس، خون بهتر در بدن جریان پیدا
می‌کنه. پس با یک نفس‌گیری خوبِ روزانه می‌تونیم از مریض شدن جلوگیری کنیم.

یک دستتون رو بذارین روی شکمتون. دست دیگه رو روی قفسهٔ سینه.

۷ نفس عمیق بکشین. هر دفعه که بازدم رو بیرون می‌دین مطمئن بشین که شکم و ریه‌ها خالیِ خالی
می‌شن و بعد از خالی شدن، ۲ تا ۴ ثانیه مکث کنین و بعد هوا رو دوباره وارد کنین.

دم از بینی، بازدم از دهان.

حستون بعد از نفس‌گیری چیه؟

امروز در حین کار این نفس‌گیری رو دوباره انجام می‌دین؟

وقتی به بدن استراحت می‌دیم، در واقع می‌خوایم انرژی ذخیره کنیم. شما در اوقات فراغت چی‌کار می‌کنین؟ چطور انرژی ذخیره می‌کنین؟

در طول روز حداقل یک بار این کار رو انجام می‌دین؟

می‌دونستین فردی که استراحت می‌کنه تا انرژی ذخیره کنه در مقایسه با فردی که مدام کار می‌کنه، انرژی بهتری برای بهره گرفتن از کارهاش داره؟

دیروز درمورد استراحت و ذخیره کردن انرژی صحبت کردیم. نکتهٔ مهم دیگه اینه که وقتی کمی تمرکزتون رو از روی کاری که دارین انجام می‌دین برمی‌دارین و انرژی ذخیره می‌کنین، توی کار خلاق‌تر می‌شین و ایده‌های بهتری به ذهنتون می‌آد. همون استراحتی که به بهانه‌های مختلف پشت گوش می‌ندازین ـ الان وقتش نیست یا انرژی دارم و می‌تونم تموم روز به همین شکل ادامه بدم... ـ فکر می‌کنین الان وقتش نیست، یا می‌گین من انرژی دارم و می‌تونم تمام روز رو به همین شکل جلو ببرم، باعث می‌شه که با ایده‌های بهتری به کار برگردین.

امروز وقت برای استراحت کردن می‌ذارین؟

استراحت امروز قراره به چه شکل باشه؟

شکرگزارم که ______ (رو) توی زندگی‌م دارم/ تجربه کرده‌ام.
شکرگزارم که قراره ______ (رو) تجربه کنم.
شکرگزارم که ______ (رو) توی زندگی‌م ندارم/ تجربه نکرده‌ام.

امشب قبل از خواب از تجربهٔ امروز و حس‌هایی که تجربه کردین بنویسین.

تمرین امروز خیلی ساده‌ست.

برین به حیاط یا بیرون از خونه، یا حتی می‌تونین برین به طبیعت.

یک گل یا یک درخت رو انتخاب کنین.

نزدیکش بشین و به ذره‌ذرهٔ گل یا درختی که انتخاب کردین نگاه کنین؛ به تمام جزئیات. دست بکشین

به تنه یا ساقهٔ درخت و گلتون، بو بکشین، حتی اگه شده گوشتون رو بهش نزدیک کنین.

یک نامه به درخت یا گل بنویسین. چه‌چیزی ازش یاد گرفتین؟

امـروز روز اشـتیاقه؛ روزی کـه قـراره هـر کاری، تکـرار می‌کنـم هـر کاری کـه انجـام می‌دیـم مشـتاقانه باشـه. می‌خوایم کاری رو که انجام می‌دین با تمام وجود انجام بدین.

قبل از هرکاری این جمله رو تکرار کنین: «تمام تمرکز من اینجاست و می‌خوام با اشتیاق کار کنم.» حتی اگه اون کار به‌سادگیِ درست کردن صبحانه باشه یا تمیز کردن محیط اطراف، بهترین عملکردی رو که می‌تونین از خودتون ارائه بدین.

یادتون باشه اشتیاق باعث می‌شه ایده‌های کاری جدید و خلاقانه به ذهن شما برسه.

با «فکر کردن» هدف پیدا نمی‌شه.

با «انجام دادنه» که برای خودتون هدفی پیدا می‌کنین.

کارهای ساده رو با اشتیاق انجام بدین تا خلاقیت به شما برگرده.

از حس امروزتون بنویسین. یادتون موند که این جملهٔ تأکیدی رو تکرار کنین؟

ـ حالا قصه‌ای برایم بگو... قصه‌ای که در آن شب باشد و ماه.

ـ شبی بود. و ماه در آسمان بود. من و اسب بودیم. و سوارانی زره‌پوش در...

ـ نه. سواری نباشد و زرهی. دشتی باشد یا جنگلی از صنوبرها.

ـ شبی بود. و ماه در آسمان بود. من و اسب جوان بودیم. و می‌رفتیم در جنگلی از صنوبرها. صدایی آمد، و من شمشیر کشیدم.

ـ شمشیر هم نباشد. شب‌بوها باشند.

ـ شبی بود. و ماه در آسمان بود. من و اسب نوجوان بودیم. و می‌رفتیم در جنگلی از صنوبرها. بوی شب‌بوها پُر بود در همه‌جا. من از اسب فرود آمدم. ماری خزید زیر پاپوش من.

ـ کاش قصه‌ها نه ماری داشته باشند، نه پاپوش‌هایی سخت.

ـ شبی بود. و ماه در آسمان بود. من و اسب کودک بودیم. و می‌رفتیم در جنگلی از صنوبرها. بوی شب‌بوها پُر بود در همه‌جا. من از اسب فرود آمدم. برهنه بود پاهایم. خنکای شبنم‌ها زیر پاهایم بود. آهوی کوچکی ایستاده بود زیر نور ماه. سر بر آسمان کرده بود. صدایی آمد، نگاه کردم. مادرش بود که می‌آمد. یک دم ابری گذشت از روی ماه. و تاریکی افتاد بر جنگل صنوبرها. و باز ماه آمد و روشنایی‌اش. آهوی کوچک می‌نوشید از پستان مادرش. و مادر سر بر آسمان کرده بود... چرا این خاطرهٔ کودکی از یادم رفته بود؟

محمد چرمشیر

چند دقیقه‌ای با این متن خلوت کنین.

حستون از این متن چیه و دوست دارین امروز چه حسی رو در خودتون تقویت کنین؟

بعد از خوندن این متن، نیت شما برای امروز چیه؟ امروز رو با یک نیت برای امروز سپری کنین.

امروز روز هنرمند بودنه.

روز خلق کردن.

شما هنر رو در چی می‌بینین؟

توی چه کاری دست به خلق کردن می‌زنین؟

امروز، نیم ساعت هم که شده هنرمند باشین. می‌تونین نقاشی کنین، طراحی کنین، کلاژ درست کنین، شعر بگین، گل یا گیاهی بکارین یا هر کار دیگه‌ای که برای شما حس خوبِ آفرینش رو به وجود می‌آره.

امروز چه‌چیزی خلق کردین؟ حین انجامش چه حسی داشتین؟ آیا وقتی خلق می‌کردین حضور کامل داشتین؟

به کسی که باهاش احساس نزدیکی می‌کنین زنگ بزنین و ازش بخواین خاطره‌ای رو که توش غافل‌گیر شده، براتون تعریف کنه.

شنونده باشین.

بعد از برقراری این ارتباط، از حستون نسبت به اون خاطره، نسبت به دنیای خاطره‌ها و شاید شکرگزاری برای وجود چیزی به اسم «خاطره» بنویسین.

امروز می‌خوایم خیلی ساده «کنجکاوی» رو تمرین کنیم.

یک کارِ تکراری در طول روز رو انتخاب کنین. می‌تونه هر کار ساده یا سختی باشه.

معمولاً کارهای تکراری رو به شکل و روش همیشگی انجام می‌دیم. کارهای تکراری در حافظهٔ ما ثبت و ضبط شده‌ان و به‌شکل خودکار می‌تونیم بدون حضور و حتی بعضی مواقع بدون فکر، اون‌ها رو انجام بدیم.

کاری رو انتخاب کنین که همیشه تکرارش می‌کنین، ولی این دفعه از یک راه جدید بهش نزدیک بشین.

کنجکاوی کنین، همون‌طوری که یک کودک مسیرهای جدید رو انتخاب می‌کنه.

امروز قراره از درک بدن و حس لامسه استفاده کنیم.

امروز روز بغل کردنه، یا روز گرفتن دست کسی.

امروز یک نفر رو انتخاب کنین، شاید به شما نزدیک باشه شاید دور، یک نفر که ممکنه باهاش صمیمی باشین یا خیلی نه، یک نفر که حس خوبی بهش دارین یا حتی حس خوبی بهش ندارین. فردی رو انتخاب کنین و بغلش کنین یا دستش رو بگیرین.

از حستون اینجا بنویسین. اینکه به‌سمت فردی قدم بردارین چه حسی داره؟

امروز می‌خوایم از جملهٔ زیبای کتاب چهار میثاق استفاده کنیم و روزمون رو با این نیت بگذرونیم:
«با کلام خود گناه نکنید.»

قبل از خواب این سطور رو از حس‌ها و اتفاقاتی که بر شما گذشته، پر کنین. تنها موقعی از کلامتون استفاده کنین که می‌خواین عشق، مهربونی، محبت و مهر ایثار کنین.

امروز به یاد داشته باشین که هر کلمه و جمله‌ای به زبان می‌آرین، مثل آینه‌ای درون شما رو به دیگران نشون می‌ده.

از کلامتون جز برای صداقت، شرافت و حقیقت استفاده نکنین.

قبل از هر صحبتی امروز این جمله رو با خودتون تکرار کنین: «**من بر کلام خود آگاهم.**»

آیا در تکرار این مانترا موفق بودین؟ آیا امروز تونستین بر کلام خودتون آگاه باشین و با کلام خودتون گناه نکنین؟

امروز می‌خوایم دقت کنیم به «تکرار».

آیا فکری هست که مدام به ذهنتون می‌آد؟ (فکر منفی یا فکری که کمک‌کننده نیست.) آیا می‌تونین امروز دقت کنیـن که اگه ذهنتون مشغوله، چقدر از این شلـوغی رو افکار تکراریِ بی‌معنی یـا حرف‌های تکراری پـر کرده؟ می‌تونین دقت کنیـن که یک حرف رو چند بـار تکرار می‌کنیـن، حرفی کـه تأثیـر آن‌چنانی توی زندگی‌تـون نداره؟

فقط دقت کنین به این افکار و حرف‌های تکراری.

افکارتون رو روی کاغذ بیارین.

میانِ ما چه افتاده؟
شادی را دیگران کشتند،
ما چرا انتقام از «خود» می‌گیریم؟

بهرام بیضایی

چند دقیقه‌ای با این متن خلوت کنین.
حستون از این متن چیه و دوست دارین امروز چه حسی رو در خودتون تقویت کنین؟
بعد از خوندن این متن، نیت شما برای امروز چیه؟ امروز رو با یک نیت برای امروز سپری کنین.

آخرین باری که فردی باعث شد شما تجربهٔ جدیدی داشته باشین، کِی بوده و اون خاطره چیه؟ تجربه‌ای که برای اولین بار امتحان کردین و مسببش اون فرد بوده.

نامه‌ای کوتاه بنویسین به فردی که به هر دلیلی دیگه الان پیشتون نیست.

می‌تونین از اتفاقی ناگهانی که دل‌خوری ایجاد کرده یا زخم‌هایی که از اون رابطه خورده‌این، بنویسین.

با جملهٔ: «من این نامه و انرژی‌ای رو که امروز برای نوشتنش گذاشتم، به دست نیروی برتر می‌سپارم.» تمومش کنین.

امروز و دو روز آینده قراره از سه جنگجویی که در ما وجود دارن، صحبت کنیم؛ سه جنگجویی که خیلی مواقع با زبان و ندای درونمون باهامون ارتباط بر قرار می‌کنن و ما بدون توجه از کنارشون رد می‌شیم.

روز اول: جنگجوی «فروتنی و بردباری».

جنگجو کسیه که همیشه برای برافراشتن پرچمی که باورش داره در خط مقدم ایستاده و آمادهٔ قیامه.

اگه شما بیشتر به جنگجوی فروتن و بردبار درونتون گوش بدین، غرور و منیت رو کنار می‌ذارین و با همدلی با دنیای بیرون از خود ارتباط برقرار می‌کنین. بردباری در اینجا یعنی «اصل (وجود) من تواناست و با صبر و بردباری از کنار هر چیزی رد می‌شوم»، ولی این به‌معنای «تحمل کردن» نیست. تحمل یعنی من عمیقاً می‌دونم که چیزی به نفعم نیست، برای من خوب نیست، ضرروزیان زیادی داره، ولی همچنان ادامه‌ش می‌دم.

جنگجوی فروتن و بردبار درون شما بیشتر گوش می‌ده، درک این رو داره که همهٔ ما یکی هستیم، درد و عشق در تمام انسان‌ها یکیه. و می‌دونه چه‌چیزی براش خوبه که به‌سمتش بره.

امروز فروتنی و بردباری رو تمرین می‌کنیم. با جنگجوی درونتون همراه بشین.

امروز این جمله رو تکرار می‌کنیم: «برای فروتنی و بردباری انتخاب‌هایی می‌کنم که به اصل خود نزدیک‌ترم می‌کنند» از تجربهٔ امروز بنویسین. جنگجوی درونتون به کمکتون اومد؟

امروز قراره به جنگجوی «جسور» درونمون گوش بدیم.

جنگجویی که باعث به وجود اومدن شرایط جدید، خلق تجربه‌های جدید و خوشحالی ما می‌شه.

جنگجویی که با بخشی از ذهنمون که درگیر ترسه، همیشه در جنگه. امروز به این جنگجو گوش می‌دیم. حرفی رو که باید بزنیم، می‌زنیم و کاری رو که باید بکنیم، می‌کنیم.

جنگجوی جسور چیزیه که در کودکی بیشتر همراهش بودین. وقتی با شما حرف می‌زد، گوش شنواش بودین. الان وقتشه که ارتباط خودتون رو با این جنگجو بهتر کنین. با تمرین کردن و گوش دادن به این جنگجوئه که شک رو کم‌کم از بین می‌برین.

امروز این جمله رو تکرار می‌کنیم: «جسور بودن امروز قسمتی بزرگ از من است.»

حس امروز چطور بود؟

امروز همراه جنگجوی «نفوذناپذیر» درونمون خواهیم بود.
جنگجویـی کـه گوش دادن بهش برای خیلی از ماها کار بسیار سختیه. ذهنی که با عواملی مثل فرهنگ، جامعه، خانواده، مذهب، تاریخ و خیلی چیزهای دیگه شرطی شده، خیلی سخته که آگاهانه اجازه ندیم چیزی به درونش نفوذ کنه و به‌جاش به صدا و ندای دلمون گوش بدیم.
ولی کم‌کم با گوش دادن به جنگجوی نفوذناپذیر درونمون یاد می‌گیریم که به خودمون و قلبمون بیشتر گوش بدیم و بدونیم که خوشحالی در اونجا نهفته‌ست.
امـروز تمریـن می‌کنیـم کـه نذاریـم چیـزی از دنیای بیـرون در قلبمـون نفوذ کنـه و تحت‌تأثیر احساسات و اتفاقات نباشیم.
امروز این جمله رو تکرار می‌کنیم: «من محافظ قلبم هستم.»
امروز رو چطور گذروندین؟ تونستین بیشتر به درونتون گوش بدین؟

شکرگزارم که ــــــــ (رو) توی زندگی‌م دارم/ تجربه کرده‌ام.

شکرگزارم که قراره ــــــــ (رو) تجربه کنم.

شکرگزارم که ــــــــ (رو) توی زندگی‌م ندارم/ تجربه نکرده‌ام.

امشب قبل از خواب از تجربهٔ امروز و حس‌هایی که تجربه کردین بنویسین.

اگر ما شایستگی برای دوست داشتن نداریم، شاید به‌خاطر آن است که خواهانیم تا دوستمان بدارند، یعنی از دیگری چیزی (عشق) را انتظار داریم، به‌جای آنکه بدون ادعا و توقع به‌سویش برویم و تنها خواستار حضورش باشیم.

میلان کوندرا

چند دقیقه‌ای با این متن خلوت کنین.

حستون از این متن چیه و دوست دارین امروز چه حسی رو در خودتون تقویت کنین؟

بعد از خوندن این متن، نیت شما برای امروز چیه؟ امروز رو با یک نیت برای امروز سپری کنین.

یکی از حیوانات پایین رو انتخاب کنین:

فیل، شیر، دلفین، سگ، اسب، عقاب

یکی از رنگ‌های پایین رو انتخاب کنین:

سبز، آبی، زرد، قرمز، بنفش، نارنجی

خصوصیات حیوانی که انتخاب کردین، چیه؟ چشم‌هاتون رو ببندین، حس کنین و حدس بزنین.

خصوصیات رنگی که انتخاب کردین، چیه؟ چه حسی داره؟ این رنگ رو بیشتر در چه مکان‌هایی می‌بینین؟

قراره امروز همهٔ این خصوصیاتی رو که نوشتین تمرین کنین.

از اتفاقی بنویسین که نوع نگاه و باور شما رو تغییر داد. آیا «مجبور شدین» که این تغییر رو بپذیرین یا این تغییر به‌خاطر «آگاهی» شما اتفاق افتاد؟ چقدر با روی گشاده و قلبی پذیرا به‌سمت اتفاق‌های زندگی قدم برمی‌دارین؟ آیا این تغییر رو چیز مثبتی در زندگی می‌بینین؟

امروز قراره این جملات رو، برگرفته از آرای کِلی مک‌گُنیگال، دکتر روان‌شناس دانشگاه استنفورد، تمرین کنیم: «انجام خواهم داد، انجام نخواهم داد و می‌خواهم»
چه کاری انجام خواهین داد که به بهتر شدن امروزتون کمک می‌کنه:
«من ____ (را) انجام خواهم داد.»

چه کاری انجام نخواهین داد که روزتون رو سخت‌تر نکنه:
مثلاً می‌تونه عادتی باشه که دیگه بهش نیاز ندارین.
«من ____ (را) انجام نخواهم داد.»

چه‌چیزی رو امروز می‌خواین که در طول روز حس خوبی بهتون بده:
قبل از اینکه بنویسین چی می‌خواین، چشم‌هاتون رو ببندین و حس کنین.
عمیقاً حس و تمرکز کنین که چه‌چیزی برای شما خوبه، برای امروز شما.
«من ____ (را) می‌خواهم.»

هرچی توی این جاهای خالی نوشتین، تمرین امروز شماست. تمرین امروز چطور بود؟ موفق شدین انجامش بدین؟
این تمرین رو در آینده یک بار دیگه انجام می‌دیم.

از فردی بنویسین که وقتی باهاش از انجام کاری جدید و هدفی جدید صحبت می‌کنین، همیشه حمایتتون می‌کنه. آیا بابت اینکه این فرد در زندگی شماست و با عشق و حمایت همیشه در کنارتونه، شکرگزار هستین؟

اگه این فرد رو ندارین، آیا شما خودتون فرد حمایتگری در زندگی دیگران هستین؟

از حستون بنویسین و اینکه چطور می‌شه این حس رو در آدم‌های اطرافتون گسترش بدین؟

شاید دوست داشته باشین با یک تماس کوتاه یا یک پیامک از اون فرد برای حمایتش تشکر کنین.

امروز می‌خوایم از جملهٔ زیبای کتاب چهار میثاق استفاده کنیم و روزمون رو با این نیت بگذرونیم:
«با کلام خود گناه نکنید.»

قبل از خواب این سطور رو از حس‌ها و اتفاقاتی که بر شما گذشته، پر کنین. تنها موقعی از کلامتون استفاده کنین که می‌خواین عشق، مهربونی، محبت و مهر ایثار کنین.

امروز به یاد داشته باشین که هر کلمه و جمله‌ای به زبان می‌آرین، مثل آینه‌ای درون شما رو به دیگران نشون می‌ده.

از کلامتون جز برای صداقت، شرافت و حقیقت استفاده نکنین.

قبل از هر صحبتی امروز این جمله رو با خودتون تکرار کنین: **«من بر کلام خود آگاهم.»**

آیا در تکرار این مانترا موفق بودین؟ آیا امروز تونستین بر کلام خودتون آگاه باشین و با کلام خودتون گناه نکنین؟

امروز قراره برقصیم یا از درک بدن استفاده کنیم و بدنمون رو چند دقیقه به حرکت دربیاریم، می‌تونه با آهنگی شاد باشه یا با آهنگی آروم و کلاسیک و در حد حرکت‌های نرم و استفاده از عضلات بدن. مهمه که بدن رو از بی‌حرکتی دربیاریم.
قراره ۵-۴ دقیقه بدن رو به دست موسیقی بسپاریم و رهایی رو تجربه کنیم.
از حستون بنویسین. از اینکه رقص امروز خوشحالتون کرده؟ یادآوری کرده که با بدنتون بیشتر دوستی کنین؟ یا اینکه همهٔ زندگی همینه؟ در همین رهاییِ شما با نعمت موسیقی؟

اگر بتوانیم در همین لحظه با خودمان و تمام آنچه داریم و نداریم آرام بگیریم به احتمال زیاد حجمِ نارضایتی درونی‌مان کم می‌شود.

برای زندگی کردن همین کافی‌ست.

بدن و ذهنی که می‌تواند روشن شود و از بستگی و تحریف بیرون بیاید.

این‌ها برای لمسِ زندگی کافی‌ست.

اما در بیشتر مواقع ما نمی‌خواهیم زندگی کنیم، بلکه می‌خواهیم از زندگی بدوشیم و فقط به دست آوریم!

و این اشتباهِ بزرگ ماست.

در ما بخشی ناراضی وجود دارد که هرچه در راستای راضی کردنش تغذیه‌اش کنید باز هم راضی نمی‌شود.

ما با به دست آوردن‌های زیاد راضی نخواهیم شد.

زندگی محلِ به دست آوردن نیست.

محلِ پذیرش و همراه شدن است.

...

همین کافی‌ست.

پونه مقیمی

چند دقیقه‌ای با این متن خلوت کنین.

حستون از این متن چیه و دوست دارین امروز چه حسی رو در خودتون تقویت کنین؟

بعد از خوندن این متن، نیت شما برای امروز چیه؟ امروز رو با یک نیت برای امروز سپری کنین.

امروز غذای مورد علاقه‌تون رو درست کنین.

این کار رو با نیت زیر انجام بدین:

هدیه به خود و شکرگزاری بابت دنیای مزه‌ها و لذت تغذیه کردن بدن.

موقع غذا خوردن از کار با موبایل یا تماشای تلویزیون خودداری کنین.

با غذای مورد علاقه‌تون حضور داشته باشین. سرعت خوردن رو پایین بیارین و در لحظه باشین.

از حستون بعد از این تمرین بنویسین.

حتماً توانایی یا استعدادی در شما هست که هرچقدر هم زندگی سخت و پر از چالش بشه، شما در عمق قلبتون می‌دونین که این توانایی مخصوص‌به‌خودتون رو دارین.

اون چیه؟ می‌تونین با شاکر بودن ازش یاد کنین.

اگه «تصور» می‌کنین چنین توانایی منحصربه‌فردی ندارین (که غیرممکنه)، حدس می‌زنین چه خصوصیتی شما رو تا این لحظه و این نقطه نگه داشته؟ چه‌چیزی در درونتون شما رو دعوت کرده که این روزنگار رو بخرین و تمرین‌هاش رو انجام بدین؟

بیشتر آدم‌ها وقتی آیندهٔ خودشون رو تصور می‌کنن، فردی کاملاً غریبه رو می‌بینن که نسبت کمی با خودِ الانشون داره. فردی با اعتمادبه‌نفس بسیار بالا، کسی که همهٔ انتخاب‌هاش درسته، اصلاً نمی‌ترسه، همیشه انرژی داره و خصوصیاتی از این دست.

اگه شما هم چنین تصورات دوری از آیندهٔ خودتون دارین، متأسفانه باید اعلام کنم که وقتش رسیده از حباب خیالی‌ای که توش زندگی می‌کنین، بیاین بیرون.

معنی‌ش این نیست که مثال‌هایی که زدم دست‌نیافتنی‌ان، خیر، به این معنیه که باید از تصور این فرد در «آینده» دست بردارین.

این خصوصیات رو از همین امروز تمرین کنین. مثلاً با آگاهی بر کلامی که استفاده می‌کنین یا دقت بیشتر در انتخاب واکنش‌ها.

یکی از خصوصیاتی رو که در آیندهٔ خودتون تصور می‌کنین اینجا بنویسین و امروز اون رو تمرین کنین. همهٔ صفت‌ها تمرین‌کردنی‌ان. اون غریبهٔ توی آینده رو در نظر بگیرین، ببینین اگه اون شخص بود، چه می‌کرد و چه واکنشی داشت. همون رو تمرین کنین. چه صفتی رو امروز تمرین کردین و حستون چطور بود؟

ارزشمندترین هدیه‌ای که می‌تونین به کسی بدین، زمان و وقتتونه. چیزی که هیچ‌وقت پس‌گرفتنی نیست.

امروز یک نفر رو انتخاب کنین و کمی از زمان خودتون رو براش صرف کنین.

نیت شما اینه:

حضور داشتن در لحظات برگشت‌ناپذیر با اون فرد.

چه‌کسی رو انتخاب کردین؟ اون لحظات چطور بود؟

وقتی می‌ترسین و استرس دارین که نکنه وقت نشه به همهٔ کارهایی که برنامه‌ریزی کردین، برسین، به ۳ مورد از کارهایی که در هفتهٔ اخیر به پایان رسوندین، فکر کنین و اون ۳ تا رو امروز اینجا بنویسین. روی هرکدوم از کارهایی که به سرانجام رسوندین و اینجا نوشتین، مکث کنین. فکر کنین که چقدر توان و زمان براش صرف کردین. به این فکر کنین که شما با وجود تمام مشکلات، الان اینجا هستین.

۱.

۲.

۳.

شکرگزارم که ـــــــــ (رو) توی زندگی‌م دارم/ تجربه کرده‌ام.

شکرگزارم که قراره ـــــــــ (رو) تجربه کنم.

شکرگزارم که ـــــــــ (رو) توی زندگی‌م ندارم/ تجربه نکرده‌ام.

امشب قبل از خواب از تجربهٔ امروز و حس‌هایی که تجربه کردین بنویسین.

متحد شویم! ابر باران می‌شود،

دانه گندم می‌شود

چشمه جویبار می‌شود

بدبخت‌ها آگاه می‌شوند!

متحد شویم! بهار می‌رسد،

از جنازه نهرها می‌زایند،

ما جنازه‌هاییم، بهار،

هزار قلب که جوانه می‌زند در «عشق»!

پی‌یر پائولو پازولینی

چند دقیقه‌ای با این شعر خلوت کنین.

حستون از این شعر چیه و دوست دارین امروز چه حسی رو در خودتون تقویت کنین؟

بعد از خوندن این شعر، نیت شما برای امروز چیه؟ امروز رو با یک نیت برای امروز سپری کنین.

امروز روز اشتیاقه؛ روزی که قراره هر کاری، تکرار می‌کنم هر کاری که انجام می‌دیم مشتاقانه باشه. می‌خوایم کاری رو که انجام می‌دین با تمام وجود انجام بدین.

قبل از هرکاری این جمله رو تکرار کنین: «تمام تمرکز من اینجاست و می‌خوام با اشتیاق کار کنم.» حتی اگه اون کار به‌سادگیِ درست کردن صبحانه باشه یا تمیز کردن محیط اطراف، بهترین عملکردی رو که می‌تونین از خودتون ارائه بدین.

یادتون باشه اشتیاق باعث می‌شه ایده‌های کاری جدید و خلاقانه به ذهن شما برسه.

با «فکر کردن» هدف پیدا نمی‌شه.

با «انجام دادنه» که برای خودتون هدفی پیدا می‌کنین.

کارهای ساده رو با اشتیاق انجام بدین تا خلاقیت به شما برگرده.

از حس امروزتون بنویسین. یادتون موند که این جملهٔ تأکیدی رو تکرار کنین؟

امروز می‌خوایم از فرمول پنج سال استفاده کنیم.

امروز هروقت درگیر بحث وجدل یا هر نوعی از مشاجره شدین، چه با شخصی خاص و چه در ذهن خودتون، این سؤال رو از خودتون بپرسین: «آیا در پنج سال آینده این موضوع همچنان مهم خواهد بود؟ آیا پنج سال دیگه، بود و نبود این بحث توی زندگی من تأثیری داره؟»

خیلی از دعواها، بحث‌ها و مشکلات با پرسیدن این سؤال بی‌معنی می‌شن. این باعث می‌شه که به خودتون و لحظهٔ حال برگردین.

امروز رو چطور گذروندین؟

امروز روز هنرمند بودنه.

روز خلق کردن.

شما هنر رو در چی می‌بینین؟

توی چه کاری دست به خلق کردن می‌زنین؟

امروز، نیم ساعت هم که شده هنرمند باشین. می‌تونین نقاشی کنین، طراحی کنین، کلاژ درست کنین، شعر بگین، گل یا گیاهی بکارین یا هر کار دیگه‌ای که برای شما حس خوبِ آفرینش رو به وجود می‌آره.

امروز چه‌چیزی خلق کردین؟ حین انجامش چه حسی داشتین؟ آیا وقتی خلق می‌کردین حضور کامل داشتین؟

امروز روز درخواست و همراهیه.

کتابی رو انتخاب کنین.

کتابی که شاید خیلی وقته می‌خواین شروع کنین یا کتابی که قبلاً درموردش شنیده‌این.

فردی رو انتخاب کنین که با شما در خوندن این کتاب همراهی کنه. دوستتون، یار و همسرتون، اعضای خانواده یا یکی از همکارانتون.

قصد کنین که هر دو این کتاب رو با هم شروع کنین و تا پایان کتاب هر موقع که حس کردین صفحه‌ای برای شما تأثیرگذار بوده، اون رو با هم به اشتراک بذارین.

چه کتابی و چه‌کسی رو انتخاب می‌کنین؟

اون چیزی که انکار می‌کنین، شما رو شکست می‌ده.

اون چیزی که قبول می‌کنین، شما رو تغییر می‌ده.

امروز رو این‌طور سپری کنین: با توجه و آگاهی نسبت به اینکه معمولاً در انکار چه‌چیزی هستین و در پذیرش چه‌چیزی.

چقدر می‌تونین در لحظه مچ خودتون رو بگیرین که پرت شده‌این توی افکار و از پذیرش به دورین! از یک یادداشت استفاده کنین و هر زمان که متوجه شدین در افکارتون غرق شده‌این، یک ستاره یا علامت بزنین. قبل از خواب توی این روزنگار مجموع ستاره‌هاتون رو بنویسین. تمرین فردای شما کمتر کردن این عدده.

امروز قراره از درک بدن و حس لامسه استفاده کنیم.

امروز روز بغل کردنه، یا روز گرفتن دست کسی.

امروز یک نفر رو انتخاب کنین، شاید به شما نزدیک باشه شاید دور، یک نفر که ممکنه باهاش صمیمی باشین یا خیلی نه، یک نفر که حس خوبی بهش دارین یا حتی حس خوبی بهش ندارین. فردی رو انتخاب کنین و بغلش کنین یا دستش رو بگیرین.

از حستون اینجا بنویسین. اینکه به‌سمت فردی قدم بردارین چه حسی داره؟

آری، آری، زندگی زیباست

زندگی، آتشگهی دیرینه پابرجاست

گر بیفروزی‌ش،

رقص شعله‌اش در هر کران پیداست

ورنه خاموش است و خاموشی گناه ماست

سیاوش کسرایی

چند دقیقه‌ای با این شعر خلوت کنین.

حستون از این شعر چیه و دوست دارین امروز چه حسی رو در خودتون تقویت کنین؟

بعد از خوندن این شعر، نیت شما برای امروز چیه؟ امروز رو با یک نیت برای امروز سپری کنین.

امروز می‌خوایم از جملهٔ زیبای کتاب چهار میثاق استفاده کنیم و روزمون رو با این نیت بگذرونیم:
«با کلام خود گناه نکنید.»

قبل از خواب این سطور رو از حس‌ها و اتفاقاتی که بر شما گذشته، پر کنین. تنها موقعی از کلامتون استفاده کنین که می‌خواین عشق، مهربونی، محبت و مهر ایثار کنین.

امروز به یاد داشته باشین که هر کلمه و جمله‌ای به زبان می‌آرین، مثل آینه‌ای درون شما رو به دیگران نشون می‌ده.

از کلامتون جز برای صداقت، شرافت و حقیقت استفاده نکنین.

قبل از هر صحبتی امروز این جمله رو با خودتون تکرار کنین: «**من بر کلام خود آگاهم.**»

آیا در تکرار این مانترا موفق بودین؟ آیا امروز تونستین بر کلام خودتون آگاه باشین و با کلام خودتون گناه نکنین؟

به فردی فکر کنین که رؤیا و هدف شما رو زندگی می‌کنه. حدس می‌زنین خصوصیات اخلاقی خوبی که در این فرد پررنگه چیه؟

می‌تونین ۵ تا ۷ خصوصیت رو نام ببرین.

شما چقدر از این خصوصیات رو دارین؟

برای تبدیل کردن رؤیا به خاطره باید خصوصیات پررنگی رو که نام بردین، توی خودتون فعال کنین. این خصوصیات با رسیدن به هدف در شما ایجاد نمی‌شه. بلکه باید بدون اون رؤیا و هدف در شما وجود داشته باشه.

امروز یکی از این خصوصیات رو که نوشتین و فکر می‌کنین در شما کم‌رنگ‌تره، تمرین کنین؛ با نوشتن جملات تأکیدی.

این جملات رو به سه حالت پشت‌سرهم باید نوشت، مثلاً اگه از اعتمادبه‌نفس صحبت کردین، بنویسین:

«من به خودم اعتماد دارم.»

«(اسمتون) به خودش اعتماد داره.»

«اون به خودش اعتماد داره.»

یا هر خصوصیت دیگه‌ای که دوست دارین.

این صفحه رو با جملات تأکیدی پر کنین. اگه به فضای بیشتری نیاز دارین یادداشتتون رو به کاغذ دیگه‌ای منتقل کنین. به یاد داشته باشین که با تکرار و حضور در نوشتن کم‌کم این حس جدید رو ملکهٔ ذهنتون می‌کنین.

چه کاری انجام خواهین داد که به بهتر شدن امروزتون کمک می‌کنه:

«من ـــــــــ (را) انجام خواهم داد.»

چه کاری انجام نخواهین داد که روزتون رو سخت‌تر نکنه:

مثلاً می‌تونه عادتی باشه که دیگه بهش نیاز ندارین.

«من ـــــــــ (را) انجام نخواهم داد.»

چه چیزی رو امروز می‌خواین که در طول روز حس خوبی بهتون بده:

قبل از اینکه بنویسین چه چیزی رو می‌خواین، چشم‌هاتون ببندین و حس کنین.

عمیقاً حس کنین و تمرکز کنین که چه چیزی خوبه برای شما، برای امروز شما.

«من ـــــــــ (را) می‌خواهم.»

هرچی توی این جاهای خالی نوشتین، تمرین امروز شماست. تمرین امروز چطور بود؟

در ۳ ماه گذشته چه تغییراتی توی خودتون حس کردین؟ حتی یک تغییر بسیار کوچک هم خوب و مفیده. با کدوم صفحه‌ها و پیام‌ها ارتباط بیشتری برقرار کردین؟ چرا؟ کدوم تمرین‌ها رو بیشتر از یک روز و یک بار انجام دادین؟ کدوم رو دوست دارین در روتین روزانه داشته باشین؟

امـروز یک نامـهٔ کوتـاه بخشـش بـرای خودتـون بنویسـین. بـرای تمـام لحظاتـی کـه بـه خودتـون اسـترس، اضطراب، ترس و شک وارد کردین یک نامهٔ بخشش بنویسین. از تمام سرزنش‌ها خودتون رو دور کنین و با آغوش گرمِ بخشش، این صفحه رو پر از حرف‌های دلتون کنین.

امروز روز لذت بردن از طبیعت و راه رفتنه.

فقط ۲۰ دقیقه راه رفتن در روز به تقویت استخون‌ها و ماهیچه‌ها، از بین رفتن چربی و پمپاژ بهتر خون از قلب به تمام بدن کمک می‌کنه.

در پیاده‌روی امروز با کنجکاوی به اطراف نگاه کنین و ببینین چه‌چیزی توجه شما رو بیشتر از قبل به خودش جلب می‌کنه. چیزی که قبلاً شاید فقط از کنارش رد می‌شدین، ولی این دفعه توجه بیشتری خواهین داشت و شاید حتی توقف کنین و وقت بیشتری رو سپری کنین.

پیاده‌روی امروز چطور بود؟ چیزی نظر شما رو جلب کرد؟

خدا کند انگورها برسند
جهان مست شود
تلوتلو بخورند خیابان‌ها
به شانهٔ هم بزنند
رئیس‌جمهورها و گداها
مرزها مست شوند
و محمدعلی بعد از ۱۷ سال، مادرش را ببیند
و آمنه بعد از ۱۷ سال، چین‌های کودکش را لمس کند.
خدا کند انگورها برسند
آمو زیباترین پسرانش را بالا بیاورد
هندوکش دخترانش را آزاد کند.
برای لحظه‌ای
تفنگ‌ها یادشان برود دریدن را
کاردها یادشان برود بریدن را
قلم‌ها آتش‌ را آتش‌بس بنویسند.

خدا کند کوه‌ها به هم برسند
دریا چنگ بزند به آسمان
ماهش را بدزدد
به میخانه شوند پلنگ‌ها با آهوها.
خدا کند مستی به اشیاء سرایت کند
پنجره‌ها
دیوارها را بشکنند
و
تو
همچنان‌که یارت را تنگ می‌بوسی
مرا نیز به یاد بیاوری
محبوب من
محبوب دورافتادهٔ من
با من بزن پیاله‌ای دیگر
به سلامتی باغ‌های معلق انگور

الیاس علوی

چند دقیقه‌ای با این شعر خلوت کنین.
حستون از این شعر چیه و دوست دارین امروز چه حسی رو در خودتون تقویت کنین؟
بعد از خوندن این شعر، نیت شما برای امروز چیه؟ امروز رو با یک نیت برای امروز سپری کنین.

شکرگزارم که _____ (رو) توی زندگی‌م دارم/ تجربه کرده‌ام.

شکرگزارم که قراره _____ (رو) تجربه کنم.

شکرگزارم که _____ (رو) توی زندگی‌م ندارم/ تجربه نکرده‌ام.

امشب قبل از خواب از تجربهٔ امروز و حس‌هایی که تجربه کردین بنویسین.

یک نفر رو انتخاب کنین. یک نفر که قراره امروز براش عشق بفرستین. کسی که فکر می‌کنین بیشتر از همیشه محتاجِ داشتن انرژی و عشق در زندگی‌شه. شاید حتی فردی باشه که به شما خیلی نزدیک نیست، ولی شما بخواین این کار رو براش انجام بدین.

چشم‌های خودتون رو ببندین.

هر دو دستتون رو روی قلبتون بذارین.

نفس‌هاتون رو کمی عمیق‌تر کنین.

این جملات رو بگین:

«(فلانی) امیدوارم دوباره شاد باشی. امیدوارم لبخند و عشق به زندگی‌ت برگرده. امیدوارم این دوران رو با سربلندی به پایان برسونی. امیدوارم سعادتمند باشی. قلب من کنار توئه.»

۳ بار این جملات رو تکرار کنین. عجله نکنین. هر جمله رو حس کنین.

آیا برای کس دیگه‌ای هم دوست دارین این کار رو انجام بدین؟ آیا باز هم این مدیتیشن مهربونی رو انجام می‌دین؟ از حستون بنویسین.

روزهای اول که این روزنگار رو دست گرفتین، یک عادت ۲۱روزه رو با هم شروع کردیم.

یک عادت کوچک که سعی کردیم ۲۱ روز پشت‌سرهم، بدون جا انداختن هیچ روزی، اون رو جلو ببریم.

امیدوارم که تونسته باشین اون عادت رو همچنان ادامه بدین!

امروز یک عادت جدید خوب دیگه رو شروع می‌کنیم، ولی این بار نیازی نیست هر روز اینجا بنویسین که انجامش دادین یا نه.

عادت جدید چیه؟

چطوری هر روز می‌خواین به خودتون یادآوری کنین که انجامش بدین؟ می‌تونین فردی رو برای این کار با خودتون همراه کنین؟

امـروز یـک کار روتیـن معمولـی روزانـه رو انتخـاب کنیـن و بـا گـوش دادن بـه موزیـک شـاد مورد علاقه تـون انجامش بدین. می تونه ظرف شستن ساده باشه، تمیز کردن خونه، غذا درست کردن، یا هر کار دیگه ای که خودتون انتخاب می کنین.

می خوایم با موزیکی که در پس زمینه پخش می شه، کمی لذت به این کار اضافه کنیم.

نام موزیک:

کاری که انجام دادین:

تاریخ امروز:

امروز رو ثبت کنین و از حستون بنویسین.

امروز می‌خوایم در این صفحه خاطره‌ای از یک کار پرریسک در زندگی‌تون بنویسین؛ کاری که از انجام دادنش مطمئن نبودین، ولی انجامش دادین.
می‌خوایم با این کار به ذهن یادآوردی کنیم که ریسک همیشه منفی نیست و برای زندگیِ بهتر لازمه، همچنین به یادتون بیاریم که شما فرد ریسک‌پذیری هستین و از خطر کردن نمی‌ترسین.

امروز قراره برین دنبال چیز جدیدی برای یادگیری.

کار جدید، اطلاعات علمی جدید، چیزی که اصلاً نه ربطی به رشتهٔ کاری شما داره و نه ربطی به زندگی روتین و روزمره‌تون؛ از طریق اینترنت، از هم‌صحبتی با شخصی که در حرفهٔ خاصی فعالیت داره یا هر راه دیگه‌ای که برای شما خوبه.

چند دقیقه با کنجکاوی به اطرافتون نگاه کنین.

کنجکاوی کلید این تمرینه.

هر چیزی که توجه شما رو به خودش جلب کرد، کمی درمورد پس‌زمینه‌ش تحقیق کنین و ببینین چطور اون شیء یا اتفاق به اینجا و این نقطه رسیده.

کل این تمرین شاید حدود ۲۰ دقیقه وقتتون رو بگیره، ولی نتایج خیلی جالبی ازش می‌گیرین.

آرام باش عزیز من

آرام باش.

حکایت دریاست زندگی،

گاهی درخشش آفتاب،

برق و بوی نمک،

ترشح شادمانی،

گاهی هم فرومی‌رویم،

چشم‌هایمان را می‌بندیم،

همه‌جا تاریکی است.

آرام باش عزیز من

آرام باش.

دوباره سر از آب بیرون می‌آوریم

و تلألؤ آفتاب را می‌بینیم

زیر بوته‌ای از برف

که این دفعه

درست از جایی که تو دوست داری طالع می‌شود.

شمس لنگرودی

چند دقیقه‌ای با این شعر خلوت کنین.

حستون از این شعر چیه و دوست دارین امروز چه حسی رو در خودتون تقویت کنین؟

بعد از خوندن این شعر، نیت شما برای امروز چیه؟ امروز رو با یک نیت برای امروز سپری کنین.

امروز می‌خوایم از جملهٔ زیبای کتاب چهار میثاق استفاده کنیم و روزمون رو با این نیت بگذرونیم:
«با کلام خود گناه نکنید.»

قبل از خواب ایـن سطور رو از حس‌هـا و اتفاقاتـی کـه بر شـما گذشـته، پر کنین. تنهـا موقعـی از کلامتون استفاده کنین که می‌خواین عشق، مهربونی، محبت و مهر ایثار کنین.

امروز به یاد داشته باشین که هر کلمه و جمله‌ای به زبان می‌آرین، مثل آینه‌ای درون شما رو به دیگران نشون می‌ده.

از کلامتون جز برای صداقت، شرافت و حقیقت استفاده نکنین.

قبل از هر صحبتی امروز این جمله رو با خودتون تکرار کنین: «**من بر کلام خود آگاهم.**»

آیا در تکرار این مانترا موفق بودین؟ آیا امروز تونستین بر کلام خودتون آگاه باشین و با کلام خودتون گناه نکنین؟

امروز قراره برقصیم یا از درک بدن استفاده کنیم و بدنمون رو چند دقیقه به حرکت دربیاریم، می‌تونه با آهنگی شاد باشه یا با آهنگی آروم و کلاسیک و در حد حرکت‌های نرم و استفاده از عضلات بدن. مهمه که بدن رو از بی‌حرکتی دربیاریم.

قراره ۵-۴ دقیقه بدن رو به دست موسیقی بسپاریم و رهایی رو تجربه کنیم.

از حستون بنویسین. از اینکه رقص امروز خوشحالتون کرده؟ یادآوری کرده که با بدنتون بیشتر دوستی کنین؟ یا اینکه همهٔ زندگی همینه؟ در همین رهاییِ شما با نعمت موسیقی؟

امروز یک روز شکرگزاری دیگه‌ست.

به ۵ سال گذشته نگاه کنین و به‌خاطر ۵ اتفاق که در زندگی‌تون رخ داده و شما قدردانش هستین، شکرگزاری کنین.

۳ نفر از نزدیکانتون رو انتخاب کنین.

یکی از این ۳ جمله رو انتخاب کنین و برای هر ۳ نفر بفرستین.

۱. من همیشه کنارتم. تو تنها نیستی.

۲. با تو زندگی خیلی بهتره.

۳. می‌تونم تصور کنم که چقدر خاطره‌های خوبی قراره با هم بسازیم.

واکنش‌های هرکدوم چطور بود؟

فکر می‌کنین با این پیام ساده تونستین لبخند به لبشون بیارین؟

حس خودتون امروز چطور بود؟

امروز می‌خوایم روی این عبارت بیشتر تمرکز کنیم: برنده.برنده. یعنی در هر بحث و مکالمه‌ای که قرار می‌گیرین فقط به فکر برنده شدن خودتون و نیاز خودتون نباشین.

برنده.برنده باعث می‌شه که خودتون رو بذارین توی جایگاه طرف مقابل. با احترام و آرامش بیشتری رفتار کنین و همدلی داشته باشین. خودتون رو با بقیه یکی بدونین و با نیت برنده.برنده به حرمت نفس خودتون کمک کنین. حرمت نفس به ما یادآوری می‌کنه که همهٔ ما یکسانیم و هیچ‌کس بر دیگری برتری نداره.

امروز برنده.برنده رو در هر کار و هر مکالمه‌ای که دارین به یاد داشته باشین.

از حس امروزتون بنویسین.

امروز یک روز شکرگزاری دیگه‌ست.

۳ شیء، وسیله و ابزاری که دیروز زندگی رو برای شما آسون‌تر کردن، چی‌ها بودن؟

نام ببرین.

چطور ازشون استفاده کردین؟

شکرگزاری کنین.

این کار باعث می‌شه دفعهٔ بعد حین استفاده ازشون بیشتر حضور داشته باشین و در لحظه باشین.

یک روز خودم را خواهم بخشید

از آسیبی که به خویش روا داشتم

از آسیبی که اجازه دادم

دیگران بر من روا دارند

و چنان محکم

خویش را در آغوش خواهم کشید

که هرگز ترک خود نکنم

امیلی دیکنسون

چند دقیقه‌ای با این شعر خلوت کنین.

حستون از این شعر چیه و دوست دارین امروز چه حسی رو در خودتون تقویت کنین؟

بعد از خوندن این شعر، نیت شما برای امروز چیه؟ امروز رو با یک نیت برای امروز سپری کنین.

شکرگزارم که _____ (رو) توی زندگی‌م دارم/ تجربه کرده‌ام.
شکرگزارم که قراره _____ (رو) تجربه کنم.
شکرگزارم که _____ (رو) توی زندگی‌م ندارم/ تجربه نکرده‌ام.

امشب قبل از خواب از تجربهٔ امروز و حس‌هایی که تجربه کردین بنویسین.

هورمون شادی ۱ و روش آزادسازی این هورمون در بدن.

دوپامین: هورمون پاداش

تکمیل یک کار

انجام فعالیت‌های خودمراقبتی

خوردن غذا

جشن گرفتن برای موفقیت‌های کوچک

امروز با انتخاب یکی یا دوتا از این راهکارها، دوپامین در بدن خودتون آزاد می‌کنین که منجر به شادی بیشتر می‌شه.

کدوم موارد رو امروز انجام دادین؟ حستون چطور بود؟

امـروز روز اشـتیاقه؛ روزی کـه قـراره هـر کـاری، تکـرار مـی‌کنم هـر کـاری کـه انجـام مـی‌دیـم مشـتاقانه باشـه.
مـی‌خوایم کاری رو که انجام می‌دین با تمام وجود انجام بدین.

قبل از هرکاری این جمله رو تکرار کنین: «تمام تمرکز من اینجاست و مـی‌خوام با اشتیاق کار کنم.» حتی
اگه اون کار به‌سادگیِ درست کردن صبحانه باشه یا تمیز کردن محیط اطراف، بهترین عملکردی رو که
می‌تونین از خودتون ارائه بدین.

یادتون باشه اشتیاق باعث می‌شه ایده‌های کاری جدید و خلاقانه به ذهن شما برسه.

با «فکر کردن» هدف پیدا نمی‌شه.

با «انجام دادنه» که برای خودتون هدفی پیدا می‌کنین.

کارهای ساده رو با اشتیاق انجام بدین تا خلاقیت به شما برگرده.

از حس امروزتون بنویسین. یادتون موند که این جملهٔ تأکیدی رو تکرار کنین؟

هورمون شادی ۲ و روش آزادسازی این هورمون در بدن.

اکسی‌توسین: هورمون عشق

بازی کردن با یک سگ

بازی کردن با یک نوزاد

گرفتن دست کسی

در آغوش گرفتن اعضای خانواده

تعریف و تمجید کردن

امروز با انتخاب یکی یا دوتا از این راهکارها هورمون اکسی‌توسین در بدن خودتون آزاد می‌کنین که منجر به شادی بیشتر می‌شه.

کدوم موارد رو امروز انجام دادین؟ حستون چطور بود؟

امروز روز هنرمند بودنه.
روز خلق کردن.
شما هنر رو در چی می‌بینین؟
توی چه کاری دست به خلق کردن می‌زنین؟
امروز، نیم ساعت هم که شده هنرمند باشین. می‌تونین نقاشی کنین، طراحی کنین، کلاژ درست کنین، شعر بگین، گل یا گیاهی بکارین یا هر کار دیگه‌ای که برای شما حس خوبِ آفرینش رو به وجود می‌آره.
امروز چه‌چیزی خلق کردین؟ حین انجامش چه حسی داشتین؟ آیا وقتی خلق می‌کردین حضور کامل داشتین؟

هورمون شادی ۳ و روش آزادسازی این هورمون در بدن.

سروتونین: تثبیت‌کنندهٔ خلق‌وخو

مدیتیشن

دویدن

بودن در معرض آفتاب

پیاده‌روی در طبیعت

شنا کردن

دوچرخه‌سواری

امروز با انتخاب یکی یا دوتا از این راهکارها سروتونین در بدن خودتون آزاد می‌کنین که منجر به شادی بیشتر می‌شه.

کدوم موارد رو امروز انجام دادین؟ حستون چطور بود؟

زمان برای آنان که انتظار می‌کشند، بسیار کند می‌گذرد؛ برای آنان که می‌ترسند، بسیار سریع می‌گذرد؛ برای آنان که غمگین‌اند، بسیار طولانی است؛ برای آنان که شادی می‌کنند، بسیار کوتاه است؛ اما برای آنان که عشق می‌ورزند، تا ابد ادامه دارد...

هنری ون دایک

چند دقیقه‌ای با این متن خلوت کنین.

حستون از این متن چیه و دوست دارین امروز چه حسی رو در خودتون تقویت کنین؟

بعد از خوندن این متن، نیت شما برای امروز چیه؟ امروز رو با یک نیت برای امروز سپری کنین.

امروز قراره از درک بدن و حس لامسه استفاده کنیم.

امروز روز بغل کردنه، یا روز گرفتن دست کسی.

امروز یک نفر رو انتخاب کنین، شاید به شما نزدیک باشه شاید دور، یک نفر که ممکنه باهاش صمیمی باشین یا خیلی نه، یک نفر که حس خوبی بهش دارین یا حتی حس خوبی بهش ندارین. فردی رو انتخاب کنین و بغلش کنین یا دستش رو بگیرین.

از حستون اینجا بنویسین. اینکه به‌سمت فردی قدم بردارین چه حسی داره؟

امروز می‌خوایم از جملهٔ زیبای کتاب چهار میثاق استفاده کنیم و روزمون رو با این نیت بگذرونیم:
«با کلام خود گناه نکنید.»

قبل از خواب این سطور رو از حس‌ها و اتفاقاتی که بر شما گذشته، پر کنین. تنها موقعی از کلامتون استفاده کنین که می‌خواین عشق، مهربونی، محبت و مهر ایثار کنین.

امروز به یاد داشته باشین که هر کلمه و جمله‌ای به زبان می‌آرین، مثل آینه‌ای درون شما رو به دیگران نشون می‌ده.

از کلامتون جز برای صداقت، شرافت و حقیقت استفاده نکنین.

قبل از هر صحبتی امروز این جمله رو با خودتون تکرار کنین: **«من بر کلام خود آگاهم.»**

آیا در تکرار این مانترا موفق بودین؟ آیا امروز تونستین بر کلام خودتون آگاه باشین و با کلام خودتون گناه نکنین؟

هورمون شادی ۴ و روش آزادسازی این هورمون در بدن.

اندورفین: تسکین درد

خندیدن

خوردن شکلات تلخ

دیدن فیلم طنز

ورزش کردن

امروز با انتخاب یکی یا دوتا از این راهکارها اندورفین در بدن خودتون آزاد می‌کنین که منجر به شادی بیشتر می‌شه.

کدوم موارد رو امروز انجام دادین؟ حستون چطور بود؟

امروز می‌خوایم برای کاهش استرس و اضطراب یک تمرین ساده انجام بدیم.

روی زمین دراز بکشین.

یک بالش بذارین زیر زانوهاتون، ولی زیر سرتون چیزی نذارین.

هرکدوم از دست‌هاتون رو که راحت‌تره بذارین روی شکمتون، بالای ناف. به‌صورت دایره‌وار و در جهت عقربه‌های ساعت شروع کنین شکمتون رو نوازش کنین. (ما معمولاً وقتی استرس داریم، تنش رو در قسمت شکم نگه می‌داریم).

فک و دهانتون رو نیمه‌باز، آروم و رها نگه دارین.

هم دم و هم بازدم رو از طریق دهان انجام می‌دیم.

این کار رو به مدت ۳ دقیقه انجام بدین.

چشم‌هاتون رو ببندین و نفس‌های عمیق بکشین.

بذارین انرژی در تمام بدنتون به جریان بیفته و تنش رو کم‌کم از خودتون دور کنین.

امروز هر موقع که احساس کردین نیازه، برای خودتون وقت بذارین و این تمرین ۳دقیقه‌ای رو انجام بدین. حستون رو اینجا بنویسین.

امروز می‌خوایم تمرین تمرکز انجام بدیم.

به یک کاغذ و قلم نیاز دارین.

هر چیزی که فکر می‌کنین به شما استرس می‌ده، ذهنتون رو مشغول می‌کنه، حواستون رو پرت می‌کنه، باعث می‌شه حین انجام کار غرق در افکار بشین، هر اضطرابی که نسبت به آینده دارین، هر ناراحتی‌ای که از گذشته دارین و...، همه رو روی کاغذ بنویسین: همهٔ چیزهایی رو که فکر می‌کنین «امروز قراره بهشون فکر کنین» بنویسین. معمولاً یک صفحهٔ کامل می‌شه. این کاغذ رو بذارین توی جیبتون، روی میز کارتون، یا هرجایی که راحت بهش دسترسی دارین.

امروز هر موقع احساس کردین دچار استرس شدین، هر موقع فکر کردین ذهنتون قصد داره وارد الگوی تکراری افکار بشه، جمله‌های زیر رو بگین:

«اون کاغذ هست، بعداً بهش فکر می‌کنم.»

«اون کاغذ هست، بعداً روش وقت می‌ذارم.»

و برگردین به لحظه و با این کار جلوی خودتون رو بگیرین. این تمرین رو می‌تونین هر روز انجام بدین. این تمرین با خالی کردن ذهن هنگام صبح و یادآوریِ اینکه «بعداً بهش فکر می‌کنم»، به تمرکز شما بسیار کمک می‌کنه.

حستون امروز بعد از انجام این تمرین چطور بود؟

ترس از شکست باعث می‌شه که ما خیلی از کارها رو انجام ندیم. در واقع ترس از «پشیمانی» باعث می‌شه جلو نریم، قدم‌های جدید برنداریم و ریسک نکنیم. ولی تحقیقات دانشگاه استنفورد ثابت کرده افرادی که با حسرت کلمهٔ «کاش» زندگی می‌کنن بیشتر افسرده‌ان تا افرادی که جلو می‌رن و امتحان می‌کنن و از پشیمانی ترسی ندارن.

در واقع پشیمانی از «انجام ندادن» و «کاش که امتحان کرده بودم» سخت‌تر و سنگین‌تر از پشیمانیِ کسیه که جلو رفته و پا در ناشناخته‌ها گذاشته؛ چه شکست خورده باشه، چه موفق شده باشه.

کدوم کارها و ایده‌ها رو در سر دارین که می‌خواین به «کاش» تبدیل نشه؟ چه اقداماتی براش انجام داده‌این؟ امروز چه قدمی براش برمی‌دارین؟

گاهی گمان نمی‌کنی ولی خوب می‌شود

گاهی نمی‌شود که نمی‌شود که نمی‌شود

گاهی بساط عیش خودش جور می‌شود

گاهی دگر تهیه به‌دستور می‌شود

گه جور می‌شود خود آن بی‌مقدمه

گه با دوصد مقدمه ناجور می‌شود

گاهی هزار دوره دعا بی‌اجابت است

گاهی نگفته قرعه به نام تو می‌شود

گاهی گدای گدایی بخت با تو یار نیست

گاهی تمام شهر گدای تو می‌شود

قیصر امین‌پور

چند دقیقه‌ای با این شعر خلوت کنین.

حستون از این شعر چیه و دوست دارین امروز چه حسی رو در خودتون تقویت کنین؟

بعد از خوندن این شعر، نیت شما برای امروز چیه؟ امروز رو با یک نیت برای امروز سپری کنین.

قسمت پیام‌های موبایلتون رو باز کنین.

شمارهٔ خودتون رو تایپ کنین.

و یک پیام به خودتون بفرستین.

یک پیام که دوست دارین بشنوین.

یک پیام رو که دوست دارین روزی از فرد دیگه‌ای دریافت کنین، حالا برای خودتون بنویسین.

امروز، حتی برای چند دقیقه هم که شده، این حس خوب رو به خودتون هدیه بدین.

پیامتون چی بود؟

«هیچ چیز را به خود نگیرید و دربارهٔ موضوعات پیش‌داوری نکنید.»

امروز می‌خوایم یکی از میثاق‌های کتاب چهار میثاق، اثر دون میگوئل روئیز رو تمرین کنیم.

جمله‌ای که به نظر خیلی راحت و آسون می‌آد، ولی در عمل کار بسیار سختیه. بیشتر ما انسان‌ها عادت داریم که هر چیزی رو که می‌شنویم به خودمون بگیریم، ناراحت بشیم، خشمگین باشیم و با این کار افکارمون رو شلوغ‌تر از قبل کنیم.

امروز در هر شرایطی که قرار گرفتین، این جمله رو به خودتون یادآوری کنین.

«هیچ چیز را به خودم نمی‌گیرم و دربارهٔ موضوعات پیش‌داوری نمی‌کنم.»

از حس امروزتون اینجا بنویسین. موفق شدین که چیزی رو به خودتون نگیرین؟

شکرگزارم که ـــــــــ (رو) توی زندگی‌م دارم/ تجربه کرده‌ام.

شکرگزارم که قراره ـــــــــ (رو) تجربه کنم.

شکرگزارم که ـــــــــ (رو) توی زندگی‌م ندارم/ تجربه نکرده‌ام.

امشب قبل از خواب از تجربهٔ امروز و حس‌هایی که تجربه کردین بنویسین.

یکی از حیوانات پایین رو انتخاب کنین:

فیل، شیر، دلفین، سگ، اسب، عقاب

یکی از رنگ‌های پایین رو انتخاب کنین:

سبز، آبی، زرد، قرمز، بنفش، نارنجی

خصوصیات حیوانی که انتخاب کردین، چیه؟ چشم‌هاتون رو ببندین، حس کنین و حدس بزنین.

خصوصیات رنگی که انتخاب کردین، چیه؟ چه حسی داره؟ این رنگ رو بیشتر در چه مکان‌هایی می‌بینین؟

قراره امروز همهٔ این خصوصیاتی رو که نوشتین تمرین کنین.

امروز یکی دیگه از میثاق‌های کتاب چهار میثاق رو تمرین می‌کنیم:
«تصورات باطل نکنید.»

ما تمایل داریم دربارهٔ همه‌چیز تصوراتی به ذهنمون راه بدیم. مشکل اینجاست که این تصورات رو باور
می‌کنیم. می‌تونیم قسم بخوریم که واقعی‌ان. ما دربارهٔ آنچه دیگران می‌اندیشن یا انجام می‌دن، تصوراتی
داریم، اون‌ها رو سرزنش می‌کنیم و با سم‌پاشی کلامی واکنش نشون می‌دیم. به همین دلیله که هروقت
تصورات باطلی به ذهن راه می‌دیم، دنبال مشکل می‌گردیم. توهم می‌زنیم، تعبیر غلط می‌کنیم، مسئله
رو به خودمون می‌گیریم و از هیچ، یه فاجعهٔ بزرگ می‌سازیم.

تونستین امروز رو بدون تصور باطل بگذرونین؟

این تمرین باعث شد در طول روز بیشتر متوجه افکارتون باشین. کمی از حستون بنویسین.

امروز روز تمرین بهتر گوش سپردنه.
گوش دادن با تمرکز و دقت بیشتر.
امروز هر چیزی رو که لمس می‌کنین، بهش دست می‌زنین، بلندش می‌کنین یا روی زمین می‌ذارینش، جابه‌جا می‌کنین، درست می‌کنین و بازوبسته می‌کنین، به صدایی که ایجاد می‌کنه گوش بدین.
این تمرین خیلی ساده شما رو در لحظه همراهی می‌کنه.
امروز چند بار یادتون افتاد که این تمرین رو انجام بدین؟ تأثیرش چی بود؟

ز بعد وقت نومیدی امیدی‌ست

به زیر کوری اندر سینه دیدی‌ست

مولانا

چند دقیقه‌ای با این شعر خلوت کنین.

حستون از این شعر چیه و دوست دارین امروز چه حسی رو در خودتون تقویت کنین؟

بعد از خوندن این شعر، نیت شما برای امروز چیه؟ امروز رو با یک نیت برای امروز سپری کنین.

امروز قراره تشکر کنین از دنیای اشتباهات؛ چیزی که فکر می‌کنیم باید ازش فراری باشیم. تصور می‌کنیم نباید اشتباهی کنیم یا انسان‌های موفق اشتباه نمی‌کنن.

امروز قراره از یکی از اشتباهاتمون که باعث شده درس مهمی رو در زندگی بگیریم، تقدیر و تشکر کنیم؛ اشتباهی که در واقع به رشد و بلوغمون کمک کرده.

امروز می‌خوایم از جملهٔ زیبای کتاب چهار میثاق استفاده کنیم و روزمون رو با این نیت بگذرونیم:
«با کلام خود گناه نکنید.»

قبل از خواب این سطور رو از حس‌ها و اتفاقاتی که بر شما گذشته، پر کنین. تنها موقعی از کلامتون استفاده کنین که می‌خواین عشق، مهربونی، محبت و مهر ایثار کنین.

امروز به یاد داشته باشین که هر کلمه و جمله‌ای به زبان می‌آرین، مثل آینه‌ای درون شما رو به دیگران نشون می‌ده.

از کلامتون جز برای صداقت، شرافت و حقیقت استفاده نکنین.

قبل از هر صحبتی امروز این جمله رو با خودتون تکرار کنین: **«من بر کلام خود آگاهم.»**

آیا در تکرار این مانترا موفق بودین؟ آیا امروز تونستین بر کلام خودتون آگاه باشین و با کلام خودتون گناه نکنین؟

باید ضعف‌ها رو جدی بگیریم.

از پشت گوش انداختن کارها و تمرین‌هایی که به ضعف‌ها کمک می‌کنن، خودداری کنیم.

امروز روز تمرکز و تمرین روی ضعف‌هاست، چیزی که همیشه یا انکارش می‌کنیم، یا به خیال اینکه فردایی هست که توش بهتر باشیم، امروز رو رها می‌کنیم.

یکی از ضعف‌هایی رو که دارین، انتخاب کنین.

به این فکر کنین که امروز قراره چه کاری برای کمک به بهبود این ضعف انجام بدین.

بعد از تمرین امروز، حستون رو اینجا ثبت کنین.

امروز قراره برقصیم یا از درک بدن استفاده کنیم و بدنمون رو چند دقیقه به حرکت دربیاریم، می‌تونه با آهنگی شاد باشه یا با آهنگی آروم و کلاسیک و در حد حرکت‌های نرم و استفاده از عضلات بدن. مهمه که بدن رو از بی‌حرکتی دربیاریم.

قراره ۵-۴ دقیقه بدن رو به دست موسیقی بسپاریم و رهایی رو تجربه کنیم.

از حستون بنویسین. از اینکه رقص امروز خوشحالتون کرده؟ یادآوری کرده که با بدنتون بیشتر دوستی کنین؟ یا اینکه همهٔ زندگی همینه؟ در همین رهاییِ شما با نعمت موسیقی؟

۳ اتفاقی رو که در هفت روز آینده منتظرشین، نام ببرین. شاید ملاقات با فردی باشه، شاید یک روز استراحت باشه و شاید یک قدم بزرگ در راستای هدفی که در سر دارین.

هرکدوم رو که نام می‌برین و می‌نویسین، کمی مکث کنین و انگیزه‌ای رو که بهتون می‌ده، توی بدنتون کاملاً حس کنین.

این تمرین باعث می‌شه شوق و اشتیاق بیشتری در روز داشته باشین.

امروز روز بخشش و محبته.

به یک غریبه محبت کنین یا یک چیزی رو ببخشین. با این کار مهر و انرژی خوبی رو به دنیا می‌آریم؛ چیزی که قراره در آینده‌ای نزدیک یا دور به زندگی خودمون برگرده.

امروز چه محبتی کردین؟

گاهی اگر زندگی دلش خواست مکث کند،
پاپِی نشوید که هل بدهیدش جلو
بگذارید لحظه‌ای را توقف کند،
دراز بکشد بین دو اتفاق...!
رها کنید این با شتاب پیش رفتن را
کِش بیایید میان حادثه‌ها،
دست بیندازید توی جیبتان، سوت بزنید و خیابان‌ها را فتح کنید...
و بسپارید خودتان را به خیالِ خوشِ آسودگی
شاید زندگی آن نغمهٔ جادویی که برایتان حبس کرده است در گلو را،
به همین زودی،
پشت این مکثِ کش‌دارِ بدِ حادثه‌ها
رها کند توی سرنوشتتان...!

ناشناس

چند دقیقه‌ای با این شعر خلوت کنین.
حستون از این شعر چیه و دوست دارین امروز چه حسی رو در خودتون تقویت کنین؟
بعد از خوندن این شعر، نیت شما برای امروز چیه؟ امروز رو با یک نیت برای امروز سپری کنین.

آخرین باری که فردی با حرف‌ها و کارهاش به شما انگیزه داد، کی بود؟ چه کار کرد و چه حرفی زد؟ (می‌تونه هرکسی باشه، دوستی نزدیک یا فردی مشهور از یک کشور دیگه.) خود شما چطور؟ تا حالا علت انگیزه در فردی شده‌این؟ چه کاری می‌تونین انجام بدین که بیشتر به بقیهٔ افراد انگیزه بدین؟

امروز می‌خوایم تمرین کنیم به‌جای ایفای نقش «قربانی» در اتفاقات ناراحت‌کنندهٔ زندگی‌مون، نقش «رهبر» رو بازی کنیم که کنترل مسائل رو به دست می‌گیره.

اتفاقـی رو کـه در گذشـته بـرای شـما افتـاده و توش نقش قربانی داشتین، به یـاد بیارین. تصـور کنین اگه نقـش رهبـر رو داشـتین. چـه کارهایـی رو متفـاوت انجام می‌دادین؟ حالا چطور؟ اتفاقـی هسـت کـه اخیـراً افتـاده باشـه و نیـاز باشـه شما نقش رهبـر رو در اون بازی کنین؟

شکرگزارم که ــــــــ (رو) توی زندگی‌م دارم/ تجربه کرده‌ام.

شکرگزارم که قراره ــــــــ (رو) تجربه کنم.

شکرگزارم که ــــــــ (رو) توی زندگی‌م ندارم/ تجربه نکرده‌ام.

امشب قبل از خواب از تجربهٔ امروز و حس‌هایی که تجربه کردین بنویسین.

این صفحه رو شب، قبل از اینکه بخوابین، پر کنین.

این آخرین چیزی باشه که قبل از خواب می‌بینین و انجام می‌دین.

این صفحه رو پر کنین از اتفاق‌ها، نعمت‌ها و هر چیز دیگه‌ای که امروز تجربه کردین، با نیت اینکه شکرگزار هستین.

امروز روز اشتیاقه؛ روزی که قراره هر کاری، تکرار می‌کنم هر کاری که انجام می‌دیم مشتاقانه باشه. می‌خوایم کاری رو که انجام می‌دین با تمام وجود انجام بدین.

قبل از هرکاری این جمله رو تکرار کنین: «تمام تمرکز من اینجاست و می‌خوام با اشتیاق کار کنم.» حتی اگه اون کار به‌سادگیِ درست کردن صبحانه باشه یا تمیز کردن محیط اطراف، بهترین عملکردی رو که می‌تونین از خودتون ارائه بدین.

یادتون باشه اشتیاق باعث می‌شه ایده‌های کاری جدید و خلاقانه به ذهن شما برسه.

با «فکر کردن» هدف پیدا نمی‌شه.

با «انجام دادنه» که برای خودتون هدفی پیدا می‌کنین.

کارهای ساده رو با اشتیاق انجام بدین تا خلاقیت به شما برگرده.

از حس امروزتون بنویسین. یادتون موند که این جملۀ تأکیدی رو تکرار کنین؟

امروز روز هنرمند بودنه.

روز خلق کردن.

شما هنر رو در چی می‌بینین؟

توی چه کاری دست به خلق کردن می‌زنین؟

امروز، نیم ساعت هم که شده هنرمند باشین. می‌تونین نقاشی کنین، طراحی کنین، کلاژ درست کنین، شعر بگین، گل یا گیاهی بکارین یا هر کار دیگه‌ای که برای شما حس خوبِ آفرینش رو به وجود می‌آره.

امروز چه چیزی خلق کردین؟ حین انجامش چه حسی داشتین؟ آیا وقتی خلق می‌کردین حضور کامل داشتین؟

یک روز رسد غمی به‌اندازهٔ کوه

یک روز رسد نشاط اندازهٔ دشت

افسانهٔ زندگی چنین است گلم

در سایهٔ کوه باید از دشت گذشت

مجتبی کاشانی

چند دقیقه‌ای با این شعر خلوت کنین.

حستون از این شعر چیه و دوست دارین امروز چه حسی رو در خودتون تقویت کنین؟

بعد از خوندن این شعر، نیت شما برای امروز چیه؟ امروز رو با یک نیت برای امروز سپری کنین.

این صفحه رو امروز قبل از خواب بخونین.

به امروزتون فکر کنین. از لحظه‌ای که بیدار شدین تا این لحظه که قصد خواب دارین.

یکی از لحظه‌ها رو برای شکرگزاری انتخاب کنین.

لحظه‌ای که موقع رخ دادنش شاید نگرانی یا استرسی داشتین. لحظه‌ای که شاید توش حضور کامل نداشتین، یا حتی لحظه‌ای که خشمگین یا ناراحت بودین.

می‌خوایم شکرگزاری کنیم برای نفسمون، برای هدیهٔ زندگی که در اون لحظه شاید چون غرق در افکارمون بوده‌ایم، از یاد برده‌ایم.

کدوم لحظه و موقعیت رو انتخاب کردین؟

چطور شکرگزاری می‌کنین؟

ما اکثراً عادت داریم خاطرات بد و اتفاقات بد رو به یاد بیاریم و در ذهنمون مرور کنیم.

ولی امروز می‌خوایم یک خاطرهٔ خوب رو که اخیراً اتفاق افتاده، به یاد بیاریم.

بعد از نوشتن اون خاطره به این ۳ سؤال جواب بدین:

حستون نسبت به اتفاقی که در حال وقوع بود، چی بود؟

حستون نسبت به خودتون چی بود؟

چطور می‌تونین این حس‌ها رو در روزهای عادی هم برای خودتون ایجاد کنین؟ آیا حتماً باید وابسته به یک نیروی خارجی باشه؟

امروز قراره از درک بدن و حس لامسه استفاده کنیم.

امروز روز بغل کردنه، یا روز گرفتن دست کسی.

امروز یک نفر رو انتخاب کنین، شاید به شما نزدیک باشه شاید دور، یک نفر که ممکنه باهاش صمیمی باشین یا خیلـی نـه، یک نفر که حـس خوبی بهـش دارین یا حتی حس خوبی بهـش ندارین. فـردی رو انتخاب کنیـن و بغلش کنیـن یا دسـتش رو بگیرین.

از حسـتون اینجا بنویسین. اینکه به‌سمت فردی قدم بردارین چه حسـی داره؟

امروز می‌خوایم از جملهٔ زیبای کتاب چهار میثاق استفاده کنیم و روزمون رو با این نیت بگذرونیم:
«با کلام خود گناه نکنید.»

قبل از خواب این سطور رو از حس‌ها و اتفاقاتی که بر شما گذشته، پر کنین. تنها موقعی از کلامتون استفاده کنین که می‌خواین عشق، مهربونی، محبت و مهر ایثار کنین.

امروز به یاد داشته باشین که هر کلمه و جمله‌ای که به زبان می‌آرین، مثل آینه‌ای درون شما رو به دیگران نشون می‌ده.

از کلامتون جز برای صداقت، شرافت و حقیقت استفاده نکنین.

قبل از هر صحبتی امروز این جمله رو با خودتون تکرار کنین: **«من بر کلام خود آگاهم.»**

آیا در تکرار این مانترا موفق بودین؟ آیا امروز تونستین بر کلام خودتون آگاه باشین و با کلام خودتون گناه نکنین؟

پروفسور برایانت که در ماه‌های قبل ازش صحبت کردیم، با استفاده از ایدهٔ «چرخهٔ اندیشهٔ مثبت» به آدم‌ها یاد می‌ده چرخهٔ فکری منفی‌ای رو که دارن، مثبت کنن.

«چرخهٔ اندیشهٔ مثبت» به ما یادآوری می‌کنه که در هر موقعیت ناراحت‌کننده، منفی، استرس‌زا و پراضطرابی که هستیم به این فکر کنیم که اگه بدتر از این بود، چی می‌شد؟ مثلاً اگه در محل کار خسته و ناراحت از همکارانتون هستین، به این فکر کنین که اگه اصلاً شغل و کار نداشتین چی می‌شد؟ معنی‌ش این نیست که موقعیتی که توش هستین، کم‌ارزش و بی‌معنیه و قابل‌درک نیست. این چرخه برای اینه که ذهنی رو که به نظر خیلی شلوغ می‌آد، آروم کنین. به خودتون یادآوری کنین که همه‌چیز تحت کنترلتونه و جای نگرانی نیست. برای حل مشکلات باید اول از بارِ ترسناک و سنگینی که در ذهن دارین کمی کاسته بشه تا بتونین مشکل رو حل کنین. این چرخه برای کاستن بارِ استرس و نگرانی شماست. امروز بعد از این تمرین حستون رو اینجا ثبت کنین.

تصور یک موفقیت دل‌خواه همون قسمتی از مغز رو فعال می‌کنه که خود اون موفقیت در صورت وقوع، می‌کرد.

چشم‌هاتون رو ببندین. موفقیت دل‌خواهتون رو چند دقیقه با جزئیات تصور کنین.

اون موفقیت چیه؟ حسش چطوره؟

طوری از این موفقیت بنویسین که انگار امروز اتفاق افتاده.

قدمی که امروز و فردا برای نزدیک شدن به این موفقیت برداشتین و قراره بردارین، چیه؟

گیرم همه‌جای جهان جهنم!

گیرم دست‌های زمین

بی‌بذر و

بی‌خنده

گیرم چنتهٔ زمان

بی‌عشق و

بی «هرچه تو می‌گویی» اصلاً

کافی بود کمی

فقط کمی

پنجره را باز کنی...!

همین!

زندگی

از پنجره‌های بسته رد نمی‌شود...

مهدیه لطیفی

چند دقیقه‌ای با این شعر خلوت کنین.

حستون از این شعر چیه و دوست دارین امروز چه حسی رو در خودتون تقویت کنین؟

بعد از خوندن این شعر، نیت شما برای امروز چیه؟ امروز رو با یک نیت برای امروز سپری کنین.

فردی رو انتخاب کنین که می‌دونین برای رشته، هدف، یا چیز خاصی در تلاشه.
مثلاً در حال راه‌اندازی کسب‌وکار جدید یا در تلاش برای به دست آوردن مدرکه.
بهش پیام بدین که چقدر از امیدوار بودنش در زندگی خوشحالین و از اینکه می‌بینین چقدر تلاش می‌کنه.
بگین آینده‌ای روشن براش آرزو دارین. بهش بگین پیشرفتش براتون مهمه و بهتون انگیزه می‌ده.
جواب پیامتون چی بود؟ حس این کار چطور بود؟ فکر می‌کنین با این کار روزِ اون فرد رو تغییر دادین؟

امروز روز شکرگزاری از وجود دوستان و اطرافیانه.

روزی رو به یاد بیارین که بی‌قرار بودین و حوصله نداشتین برین بیرون و دوستانتون رو ملاقات کنین، ولی بعد از رفتن و ملاقات با اون‌ها حس و روحیه‌تون خیلی تغییر کرد.

کدوم روز بود؟ از حستون بنویسین.

روز شکرگزاری از دوستان: اسم هرکسی رو که به ذهنتون می‌آد بعد از این خاطره بنویسین و شکرگزاری کنین.

امروز یک روز شکرگزاری دیگه‌ست.

شکرگزاری‌ای که شاید سخت باشه، ولی می‌دونم به رهاییِ بیشتر شما خیلی کمک می‌کنه.

امروز می‌خوایم به‌خاطر فردی که به ما بدی کرده، شکرگزاری کنیم. بله، بدی کرده، ولی ما می‌خوایم با این کار جایی رو در قلبمون باز کنیم که خیلی وقته نیاز به شفاف‌سازی و تمیزکاری داره. می‌خوایم قسمتی از وجودمون رو که خوب بوده پس بگیریم و بذاریم سر جاش.

از دردی که به شما وارد شده بنویسین. ذکر کنین که اون درد رو رها می‌کنین و بابت اینکه یک تجربه به زندگی‌تون اضافه شده شاکرین.

امروز می‌خوایم با یک کار ساده یا یک حرف، روز یک نفر رو بسازیم و خوشحالش کنیم.

شاید این شخص یک غریبه باشه، شاید هم یک آشنا. شاید دوست دارین هدیه و مقداری پول به فردی بدین یا شاید با یک پیام و تماس حس کسی رو تغییر بدین.

بعد از انجام کار، اینجا ثبت کنین که هدیهٔ امروز شما به چه‌کسی و چه‌چیزی بود؟

شکرگزارم که ــــــــ (رو) توی زندگی‌م دارم/ تجربه کرده‌ام.

شکرگزارم که قراره ــــــــ (رو) تجربه کنم.

شکرگزارم که ــــــــ (رو) توی زندگی‌م ندارم/ تجربه نکرده‌ام.

امشب قبل از خواب از تجربهٔ امروز و حس‌هایی که تجربه کردین بنویسین.

به ۵ سال گذشته‌تون نگاه کنین.

چه‌کسی در این ۵ سال توی مسیر زندگی شما تغییر بزرگی ایجاد کرده؟

چه‌کسی با بودنش، کمک‌هاش، نصیحت‌هاش، یا محبت‌ها و حرف‌هاش در زندگی شما تأثیرگذار بوده؟

اون فرد کیه؟ چه کاری کرده؟ می‌تونین مثالی رو به یاد بیارین؟ آیا شما فکر می‌کنین اون فرد در زندگی دیگران هستین؟

بیشتر وقت‌ها از قدرت لبخندی ساده، نوازشی ملایم، حرفی محبت‌آمیز، گوشی شنوا، تمجیدی صادقانه
یا توجهی کوچک غافلیم. تمام این‌ها ظرفیت تغییر و توسعهٔ زندگی ما را دارند.

لئو بوسکالیا

چند دقیقه‌ای با این متن خلوت کنین.

حستون از این متن چیه و دوست دارین امروز چه حسی رو در خودتون تقویت کنین؟

بعد از خوندن این متن، نیت شما برای امروز چیه؟ امروز رو با یک نیت برای امروز سپری کنین.

امروز تمرین می‌کنیم که مثل یک دوست واقعی با خودمون حرف بزنیم.

تصور کنین رفیق شما به‌خاطر مشکل یا ناراحتی‌ای که داره باهاتون تماس گرفته یا اومده پیشتون. به لحن پر از عشق و بامحبتی که باهاش صحبت می‌کنین، به شکلی که باهاش رفتار می‌کنین و اینکه چطور میزبان خوبی برای اون و دردهاش هستین، فکر کنین.

حالا به ناراحتی و زخم‌های خودتون فکر کنین که از گذشته تا الان با خودتون حمل کرده‌این.

امروز مثل یک دوست واقعی با خودتون همراه بشین، بدون سرزنش، بدون قضاوت، بدون دل‌خوری. مثل یک دوست که با کلام خوب و پر از مهر و محبت همراه شماست. امروز این جمله رو با خودمون تکرار می‌کنیم: «نیت امروز من رفاقت با خودم است.»

امروز رفیق بودن رو تمرین کنین.

قبل از خواب حس امروزتون رو اینجا ثبت کنین.

چه چیزی بیشتر حواس شما رو پرت می‌کنه؟

چه چیزی تمرکزتون رو از روی کاری که دوست دارین، از بین می‌بره؟

چه راه‌حلی براش دارین؟ آیا فکر کرده‌این که اگه این راه‌حل رو پیاده نکنین و به عادتتون ادامه بدین، نتیجه چی می‌شه؟ آیا برای راه‌حل از بقیه کمک گرفته‌این؟

تمرین کردن، پله‌پله و آروم‌آروم چیزی رو از خود دور کردن و جایگزین بهتری پیدا کردن، راه‌حل امروز شماست.

بعـد از تمریـن بنویسیـن که چقـدر بازدهـی کارتـون متفاوت بـوده؟ و فـردا برای پیشـرفت بیشتر چی‌کار می‌کنیـن؟

امروز قراره برین دنبال چیز جدیدی برای یادگیری.

کار جدید، اطلاعات علمی جدید، چیزی که اصلاً نه ربطی به رشتهٔ کاری شما داره و نه ربطی به زندگی روتین و روزمره‌تون؛ از طریق اینترنت، از هم‌صحبتی با شخصی که در حرفهٔ خاصی فعالیت داره یا هر راه دیگه‌ای که برای شما خوبه.

چند دقیقه با کنجکاوی به اطرافتون نگاه کنین.

کنجکاوی کلید این تمرینه.

هر چیزی که توجه شما رو به خودش جلب کرد، کمی درمورد پس‌زمینه‌اش تحقیق کنین و ببینین چطور اون شیء یا اتفاق به اینجا و به این نقطه رسیده.

کل این تمرین شاید حدود ۲۰ دقیقه وقتتون رو بگیره، ولی نتایج خیلی جالبی ازش می‌گیرین.

امروز می‌خوایم از جملهٔ زیبای کتاب چهار میثاق استفاده کنیم و روزمون رو با این نیت بگذرونیم:
«با کلام خود گناه نکنید.»

قبل از خواب این سطور رو از حس‌ها و اتفاقاتی که بر شما گذشته، پر کنین. تنها موقعی از کلامتون استفاده کنین که می‌خواین عشق، مهربونی، محبت و مهر ایثار کنین.

امروز به یاد داشته باشین که هر کلمه و جمله‌ای به زبان می‌آرین، مثل آینه‌ای درون شما رو به دیگران نشون می‌ده.

از کلامتون جز برای صداقت، شرافت و حقیقت استفاده نکنین.

قبل از هر صحبتی امروز این جمله رو با خودتون تکرار کنین: **«من بر کلام خود آگاهم.»**

آیا در تکرار این مانترا موفق بودین؟ آیا امروز تونستین بر کلام خودتون آگاه باشین و با کلام خودتون گناه نکنین؟

چند روز پیش از تغییر یک عادت گفتین و یک راه‌حل براش پیدا کردین.
امروز ۳ عادت خوبتون رو بنویسین.
این کار رو انجام می‌دیم تا یادآوری کنیم که تغییر کردن دلیل بر «بد» بودن ما نیست. دلیل تغییر فقط و فقط اینه که اون کار دیگه «خدمتی رو که باید» به ما نمی‌کنه. ما عادت‌ها رو با چیزهایی که به روح، ذهن و بدنمون خدمت می‌کنن، جایگزین می‌کنیم.
۳ عادتی رو که به شما خدمت می‌کنه و از داشتنش خوشحالین، بنویسین.
امروز قراره برقصیم یا از درک بدن استفاده کنیم و بدنمون رو چند دقیقه به حرکت دربیاریم؛ می‌تونه با آهنگی شاد باشه یا با آهنگی آروم و کلاسیک و در حد حرکت‌های نرم و استفاده از عضلات بدن. مهمه که بدن رو از بی‌حرکتی دربیاریم.
قراره ۵-۴ دقیقه بدن رو به‌دست موسیقی بسپاریم و رهایی رو تجربه کنیم.
از حستون بنویسین. از اینکه رقص امروز خوشحالتون کرده؟ یادآوری کرده که با بدنتون بیشتر دوستی کنین؟ یا اینکه همهٔ زندگی همینه؟ در همین رهاییِ شما با نعمت موسیقی؟

بهار اول فروردین شروع نمی‌شود. بهار از اولین برگ‌ها، از اولین شکوفه‌ها شروع نمی‌شود. بهار وقت خریدن تقویم سال جدید و جنبیدن مورچه‌ها و سهره‌ها هم شروع نمی‌شود.

بهار یک جایی توی سر آدم است. دقیقاً وقتی شروع می‌شود که آدم دنبال نقطه‌ای برای تغییر می‌گردد. لحظه‌ای که فکر می‌کند از اول یک زمانی درس می‌خوانم، ورزش را شروع می‌کنم، دنبال کار دیگری می‌روم، پسرم را می‌برم کلاس آواز، با همسرم ملایم‌تر حرف می‌زنم. عاشق می‌شوم. به‌خاطر همین، بعضی‌ها در سال چند بهار دارند، بعضی‌ها هر چند سال یک بهار دارند و بعضی‌ها اصلاً هیچ‌وقت بهار را نمی‌بینند؛

آن‌قدر که به خودشان و کارهایشان مطمئن‌اند. بهار همین لحظه است. همین لحظه که آدم می‌فهمد زندگی‌اش چیزی کم دارد. چیزی را باید جابه‌جا کند، چیزی را باید جلوی دست بذارد.

تقویم و سبزه و هفت‌سین همه بهانه‌های این تغییرند. نشانه‌هایی که آدم‌ها برای خودشان می‌چینند تا یادشان بماند امروز روز موعود است.

این بهار که می‌آید برای همه، برای چندبهاره‌ها و کم‌بهاره‌ها، برای آن‌ها که تقویم سال نو خریده‌اند و نخریده‌اند، برای آن‌ها که منتظرند وقتش برسد و چیزی را جابه‌جا کنند یا آن‌ها که فکر می‌کنند همه‌چیز زندگی‌شان به‌روال است، یک پیغام بیشتر ندارد. بروید و برگ‌ها و مورچه‌ها و سهره‌ها را ببینید. هیچ‌کدام چیزی که قبلاً دیده بودید نیستند.

مینا فرشید نیک

چند دقیقه‌ای با این متن خلوت کنین.

حستون از این متن چیه و دوست دارین امروز چه حسی رو در خودتون تقویت کنین؟

بعد از خوندن این متن، نیت شما برای امروز چیه؟ امروز رو با یک نیت برای امروز سپری کنین.

آخرین باری که تأثیر خوبی بر فرد یا موقعیتی داشتین، کی بوده؟ چه حسی داشتین؟ چطور به این کار خیر تصمیم گرفتین؟

آیا به نظرتون مهمه که اثری خوب از خودتون روی قلب‌ها و اتفاقات به‌جا بذارین؟

امروز چطور، امروز می‌تونین تمرین کنین که روی اتفاق یا زندگی فردی تأثیر مثبتی بذارین؟

اگه نه، فکر می‌کنین چه‌چیزی دقیقاً جلوی شما رو گرفته؟

از حس امروزتون بنویسین.

مانترای روز اول:

«من خود، پتانسیل نامحدود هستم. من انتخاب می‌کنم که انرژی‌م رو کجا خرج کنم.»

چشم‌هاتون رو ببندین و ۱۵ بار این مانترا رو تکرار کنین. عجله نکنین. تک‌تک کلمات رو در تمام بدنتون حس کنین.

امروز هر موقع در افکار غرق شدین، احساساتی شدین و تمرکزتون رو از دست دادین، این مانترا رو تکرار کنین تا به لحظه برگردین.

از حس امروزتون بنویسین.

مانترای روز دوم:

«هر قدم امروز من با عشق برداشته می‌شه و این عشق مسیر رو برای من باز می‌کنه.»

چشم‌هاتون رو ببندین و ۱۵ بار این مانترا رو تکرار کنین. عجله نکنین. تک‌تک کلمات رو در تمام بدنتون حس کنین.

امروز هر موقع که در افکار غرق شدین، احساساتی شدین و تمرکز خودتون رو از دست دادین، این مانترا رو تکرار کنین تا به لحظه برگردین.

از حس امروزتون بنویسین.

مانترای روز سوم:

«بدن من معبد منه، من به این معبد اعتماد دارم.»

چشم‌هاتون رو ببندین و ۱۵ بار این مانترا رو تکرار کنین. عجله نکنین. تک‌تک کلمات رو در تمام بدنتون حس کنین.

امروز هر موقع که در افکار غرق شدین، احساساتی شدین و تمرکز خودتون رو از دست دادین، این مانترا رو تکرار کنین تا به لحظه برگردین.

از حس امروزتون بنویسین.

شکرگزارم که _____ (رو) توی زندگی‌م دارم/ تجربه کرده‌ام.

شکرگزارم که قراره _____ (رو) تجربه کنم.

شکرگزارم که _____ (رو) توی زندگی‌م ندارم/ تجربه نکرده‌ام.

امشب قبل از خواب از تجربهٔ امروز و حس‌هایی که تجربه کردین بنویسین.

چالش:

چالش چیزیه که ما بهش می‌گیم سختی، استرس، ناشناخته، نمی‌تونم، بلد نیستم و...

چالش تنها چیزیه که باعث شده اتفاق‌های خوب توی زندگی شما رقم بخوره! بله، چالش باعث می‌شه شما از این «من» آشنا رها بشین و پا بذارین توی یک «من» جدید. چالش دلیل بهتر شدن زندگی‌مونه و در واقع نقطهٔ عطف اتفاقات و تجربیات جدیده.

چالشی که این روزها درگیرش هستین، چیه؟

می‌تونین با این دید جدید بهش نگاه کنین؟

آیا این نگاه جدید باعث تغییر رفتار شما نسبت به چالش‌ها می‌شه؟

وارد خانه‌اش که شدم عطر بهارنارنج مستم کرد، خانه بوی بهشت می‌داد. دو فنجان چای ریخت و سینی را روی میز گذاشت. لبخند زد و با ابرو به فنجان‌های توی سینی اشاره کرد: «این قانون من است، چای که مرغوب نباشد، چیزی به آن اضافه می‌کنم. چوب دارچینی، هِلی، نباتی، شده چند پَر بهارنارنج، چیزی که آن مزه و بوی بی‌خاصیتش را تبدیل به عطر خوش و طعم خوب کند...» فنجان را برداشتم و کمی از چای چشیدم، خوب بود، هم عطرش هم مزه‌اش. لبخند زدم: «قانون کارآمدی داری...» بعد با خودم فکر کردم زندگی هم گاهی می‌شود مثل همین چای بی‌خاصیت، باید با دلخوشی‌های کوچک طعم و رنگش را عوض کنی، یک چیزی که امید بدهد به دلت، انگیزه شود، بنزین باشد برای حرکت ماشین زندگی‌ات.

مریم سمیع‌زادگان

چند دقیقه‌ای با این متن خلوت کنین.

حستون از این متن چیه و دوست دارین امروز چه حسی رو در خودتون تقویت کنین؟

بعد از خوندن این متن، نیت شما برای امروز چیه؟ امروز رو با یک نیت برای امروز سپری کنین.

امـروز روز اشـتیاقه؛ روزی کـه قـراره هـر کاری، تکـرار می‌کنم هـر کاری کـه انجـام می‌دیـم مشتـاقانه باشـه. می‌خوایم کاری رو که انجام می‌دین با تمام وجود انجام بدین.

قبل از هرکاری این جمله رو تکرار کنین: «تمام تمرکز من اینجاست و می‌خوام با اشتیاق کار کنم.» حتی اگه اون کار به‌سادگیِ درست کردن صبحانه باشه یا تمیز کردن محیط اطراف، بهترین عملکردی رو که می‌تونین از خودتون ارائه بدین.

یادتون باشه اشتیاق باعث می‌شه ایده‌های کاری جدید و خلاقانه به ذهن شما برسه.

با «فکر کردن» هدف پیدا نمی‌شه.

با «انجام دادنه» که برای خودتون هدفی پیدا می‌کنین.

کارهای ساده رو با اشتیاق انجام بدین تا خلاقیت به شما برگرده.

از حس امروزتون بنویسین. یادتون موند که این جملهٔ تأکیدی رو تکرار کنین؟

امروز روز هنرمند بودنه.

روز خلق کردن.

شما هنر رو در چی می‌بینین؟

توی چه کاری دست به خلق کردن می‌زنین؟

امروز، نیم ساعت هم که شده هنرمند باشین. می‌تونین نقاشی کنین، طراحی کنین، کلاژ درست کنین، شعر بگین، گل یا گیاهی بکارین یا هر کار دیگه‌ای که برای شما حس خوبِ آفرینش رو به وجود می‌آره.

امروز چه چیزی خلق کردین؟ حین انجامش چه حسی داشتین؟ آیا وقتی خلق می‌کردین حضور کامل داشتین؟

ما وقتی به «خود» آینده‌مون فکر می‌کنیم، معمولاً یک فرد مثبت‌اندیش، بااخلاق، صبور، خردمند، باسواد، پویا و صفات این چنینی می‌آد توی ذهنمون.

اون فرد رو معمولاً در آیندهٔ دور تصور می‌کنیم.

اگه بخواین اون فرد رو در همین نزدیکی، مثلاً هفتهٔ دیگه تصویرش کنین، چطور تصورش می‌کنین؟ فردا چی؟ یا همین امروز؟ کدوم ویژگی این فرد رو که می‌تونین امروز «تمرین» کنین؟

امروز فقط ۲ یا ۳ مورد از اون ویژگی‌ها رو تمرین کنین. کدوم‌ها رو انتخاب می‌کنین؟

از حس امروزتون بنویسین.

امروز روز یادآوری ۲ درس بزرگیه که از ۲ تا کتاب گرفتین.

کتاب اول:

درسی که ازش گرفتین:

کتاب دوم:

درسی که ازش گرفتین:

۱. با یک پیام کوتاه این دو درس رو به یک یا دوتا از دوستانتون یادآوری کنین.

۲. امروز خودتون رو با این درس‌ها محک بزنین.

چقدر در اجرای اون‌ها موفق خواهین شد.

حستون رو بنویسین.

امروز قراره از درک بدن و حس لامسه استفاده کنیم.

امروز روز بغل کردنه، یا روز گرفتن دست کسی.

امـروز یـک نفـر رو انتخاب کنین، شـاید به شـما نزدیک باشـه شـاید دور، یک نفر که ممکنه باهاش صمیمی باشین یا خیلی نه، یک نفر که حس خوبی بهش دارین یا حتی حس خوبی بهش ندارین. فردی رو انتخاب کنین و بغلش کنین یا دستش رو بگیرین.

از حستون اینجا بنویسین. اینکه به‌سمت فردی قدم بردارین چه حسی داره؟

امروز می‌خوایم از جملهٔ زیبای کتاب چهار میثاق استفاده کنیم و روزمون رو با این نیت بگذرونیم:
«با کلام خود گناه نکنید.»

قبل از خواب این سطور رو از حس‌ها و اتفاقاتی که بر شما گذشته، پر کنین. تنها موقعی از کلامتون استفاده کنین که می‌خواین عشق، مهربونی، محبت و مهر ایثار کنین.

امروز به یاد داشته باشین که هر کلمه و جمله‌ای به زبان می‌آرین، مثل آینه‌ای درون شما رو به دیگران نشون می‌ده.

از کلامتون جز برای صداقت، شرافت و حقیقت استفاده نکنین.

قبل از هر صحبتی امروز این جمله رو با خودتون تکرار کنین: **«من بر کلام خود آگاهم.»**

آیا در تکرار این مانترا موفق بودین؟ آیا امروز تونستین بر کلام خودتون آگاه باشین و با کلام خودتون گناه نکنین؟

آدم‌ها فکر می‌کنند؛ اگر یک بار دیگر متولد شوند، جورِ دیگری زندگی می‌کنند. شاد و خوشبخت و کم‌خطا خواهند بود.

فکر می‌کنند می‌توانند همه‌چیز را از نو بسازند؛ محکم و بی‌نقص!

اما حقیقت ندارد...

اگر ما جسارت طور دیگری زندگی کردن را داشتیم، اگر قدرتِ تغییر کردن را داشتیم، اگر آدمِ ساختن بودیم، از همین‌جای زندگی‌مان به بعد را می‌ساختیم...

آنتوان دوسنت اگزوپری

چند دقیقه‌ای با این متن خلوت کنین.

حستون از این متن چیه و دوست دارین امروز چه حسی رو در خودتون تقویت کنین؟

بعد از خوندن این متن، نیت شما برای امروز چیه؟ امروز رو با یک نیت برای امروز سپری کنین.

آخر شب قبل از خواب، یکی از این سؤالاتی رو که جوابش «بله»ست، انتخاب کنین و جواب بدین.

آیا امروز شکرگزار بودم؟

آیا با کسی مهربان بودم، یا کسی با من؟

آیا کاری کردم که باعث حال بهتر و خوشحالی‌م بشه؟

آیا می‌تونم «ارزش» رو در یکی از کارهایی که امروز انجام دادم، ببینم؟

اگه جواب هرکدوم از این سؤالات «بله»ست، از تجربه‌تون بنویسین.

این ۳ روز رو قراره درمورد سرمایه‌گذاری صحبت کنیم.

وقتی با کسی وقت صرف می‌کنیم، زمان و وقتمون رو روی اون فرد سرمایه‌گذاری می‌کنیم.

وقتی در کلاس یا کارگاهی ثبت‌نام می‌کنیم، روی خودمون سرمایه‌گذاری می‌کنیم.

و وقتی مبلغی رو برای خرید کوچک‌ترین یا بزرگ‌ترین چیز در نظر می‌گیریم (که می‌تونه خیلی نزدیک باشه، مثل خریدن یک بستنی تا خیلی دور، مثل خرید یک خونه) روی آینده سرمایه‌گذاری می‌کنیم.

امروز درمورد سرمایه‌گذاری روی دوستان، همسر و خانواده تمرکز می‌کنیم.

به زمان و وقتی که با این افراد سپری می‌کنین، نگاه کنین.

آیا روی افراد درست سرمایه‌گذاری کرده‌این؟ آیا این سرمایه (زمان) شما به‌درستی خرج شده؟ اون بازدهی رو که می‌خواین بهتون می‌ده؟ اگه نه، فکر می‌کنین چطور می‌تونین زمانتون رو بهتر خرج کنین؟ سرمایه‌گذاری روی چه فردی رو باید کمتر یا بیشتر کنین؟

در ۳ ماه گذشته چه تغییراتی توی خودتون حس کردین؟ حتی یک تغییر بسیار کوچک هـم خوب و مفیده. با کدوم صفحه‌ها و پیام‌ها ارتباط بیشتری برقرار کردین؟ چرا؟ کدوم تمرین‌ها رو بیشتر از یک روز و یک بار انجام دادین؟ کدوم رو دوست دارین در روتین روزانه داشته باشین؟

سرمایه‌گذاری روی خود.

تنها سرمایهٔ ما، خودمون هستیم.

با بهتر کردن خود و تمرکز روی خود، می‌تونیم شکل زندگی رو تغییر بدیم. دریافت و تغییر درونی باعث تغییر زندگی ما می‌شه.

کلاس یا کارگاهـی کـه از ثبت‌نـام کـردن درش راضـی بوده‌ایـن، چـی بـوده؟ چه‌چیزی یـاد گرفتیـن؟ چقدر سرمایه‌گذاری روی خودتون رو مهم می‌دونین؟

آیـا روزانـه بـا یادگیـری چیزهای جدیـد روی خودتون سرمایه‌گذاری می‌کنیـن؟ امروز چطـور روی خودتون سـرمایه‌گذاری کردین؟

یکی از مهم‌ترین چیزهایی که باید به یاد داشته باشیم، تعادل در خرج کردن پولمونه.

سرمایه‌گذاری روی هر چیز کوچک و بزرگ تأثیر مستقیمی در زندگی ما داره؛ مثلاً خرید این روزنگار خودش یک سرمایه‌گذاریه.

ارتباط شما با پول چطوره؟

به دو هفتهٔ گذشته نگاه کنین. روی چه چیزهای کوچک و بزرگی سرمایه‌گذاری کرده‌این؟ آیا چیزی بوده که بهتر بود پولی براش خرج نمی‌کردین؟ توی ۲ ماه اخیر چطور؟

در ۱ سال آینده قراره روی چه چیزهایی سرمایه‌گذاری کنین؟

آیا بعد از این ۳ صفحه فکر می‌کنین می‌تونین اهمیت سرمایه‌گذاری رو در زندگی خودتون پررنگ‌تر کنین؟

وقتی خودمون رو مجبور به کاری می‌کنیم که علاقه‌ای به انجامش نداریم یا در مکالمه‌ای که جوابمون
«نه»ست، از ترس می‌گیم «بله»؛ بدنمون رو رفته‌رفته مریض می‌کنیم.
وقتی به درونمون گوش نمی‌دیم و خودمون رو مجبور به کاری می‌کنیم، ذره‌ذره ضربه‌هایی به بدنمون
وارد می‌کنیم که در آینده منجر به بیماری‌های متفاوتی می‌شه.
امروز خیلی ساده می‌خوایم تمرین کنیم که به صدای درونمون گوش بدیم و خودمون رو مجبور به
هیچ‌کاری نکنیم، یا اگه جواب ندای درونمون «نه»ست، بهش گوش بدیم.
آیا «نه گفتن» برای شما راحته؟ حس امروز چطور بود؟ تونستین راحت بگین نه؟

این بار با یک جملهٔ زیبا از کارل گوستاو یونگ این هفته رو به پایان می‌رسونیم:

«ترس تو هر کجا که باشد، وظیفه‌ات نیز همان‌جاست.»

بعد از خوندن این جمله چه حسی دارین؟ برای شما از کدوم ترس صحبت می‌کنه؟ کدوم ترس جلوی شما رو گرفته؟ فکر می‌کنین وظیفهٔ شما چیه؟

با چه نیتی می‌خواین امروز رو زندگی کنین؟

جایی که برای کرم ابریشم آخر دنیاست، پروانه متولد می‌شه. یک سال از شروع این روزنگار گذشت. بهتون تبریک می‌گم که برای روح، روان و جسمتون وقت گذاشتین. حتی شده روزی ۵ دقیقه.

این صفحه رو با تشکر و شکرگزاری از خودتون پر کنین و با نوشتن چند تصمیم برای سال آینده، نوشته رو به پایان برسونین.